2022

5月

6

我都開始懷疑王水仙尊其實是水仙尊王的別稱了

15

……我真的要去拜水仙尊王問問是不是真的哪裡出了什麼錯……

16

雖然我還是覺得很荒謬並且還是要說那些願望的達成與否與我本人真的並無關聯，但我還是要說，希望大家所求皆成。看到許多願望其實甚至也不是願望，只是希望有一個能夠寄託的對象，我想到我臉書的陌生訊息欄有很多這種內容，大家其實也不在意究竟有沒有人真的收到這些訊息，權當是種寄託，在大海扔下一個漂流瓶，能收到當然很好，沒有人給回應，也希望自己的心意能夠在遠方漂流到一個靜謐的安處。

17

我不寫我讓別人什麼震驚的點，我震驚的是這三天已經有複數的人跟我說，他們會去找水仙尊王聊天的時候都會聊到我，而且時間已經很長了，直到最近才發現不太對。幹，我是很感謝你們順帶祈求我身體健康，但這不就等於讓我在他那邊有個記錄了嗎 XDDDDDDDD

#莫名相信

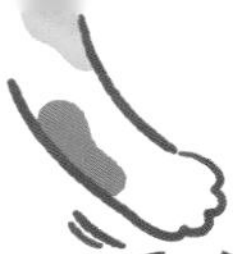

18

辣個，我是覺得，這是你自己ㄉ努力……

20

到水仙尊王廟拜完了
因為我真的是一生鐵齒
所以這真的是，人生中完全沒有過的體驗
只有問特定的問題才給聖杯
而且因為我在那邊懷疑是不是我扔的方式讓筊很容易出聖杯，所以我……中間還穿插了其他問題，譬如我是不是要捐錢給廟方（三個陰杯）我是不是要捐錢給家扶中心（三個陰杯）等等。然後才穿插著問所以我只要照常生活就好了嗎（連三聖杯問了三次總共九個聖杯）
出來後打給醫生跟醫生說了這件事他叫我好好謝神，然後他說他有病人出車禍只

24

還是覺得，任何事情，求神拜佛還不如自己踏出第一步。如果沒有要開始的打算，就算冥冥之中真的有個神祕力量給你多少契機，你也不會朝目標前進一步的。

濕氣很重的人 XDDDDDDDDDD

1

月

欸真的是不要亂教欸（不過我也不知道還願的禮貌是什麼就是了）

XDDDDDDDDDD

12月 6

我：「請問我現在可以走了嗎？」蓋杯

我：「……請問是要拜糖果嗎？」笑杯

我：「不然要零食……？」笑杯

我：「……總不會是雞腿吧？」聖杯

問旁邊的人，他們說虎爺要吃生的。

我：「生的嗎？？」蓋杯

我：「炸的？？」笑杯

我：「滷的？？」笑杯

我：「烤的？？」笑杯

我：「煎的？？」蓋杯

我：「意思是除了煎的都可以？？」聖杯

我：「初一十五來？」蓋杯

我：「隨便我什麼時候來？」聖杯

14

不是，你們跟我許願擲筊這個會不會出書沒有用啊，我沒去怎麼會有杯，先不說我可能真的要去拜十年的量才夠出書，如果真的出書了，整本書到時候都是我一個人的自言自語也很奇怪吧 XDDDDDDDDDD

這個跟就醫不一樣，就醫我是每週去，而且還看中醫、腎臟科、眼科、神經內科，一堆拉哩拉雜的科才這麼多欵。

28

帶著有豬肉的便當來拜虎爺。稍微拜一下準備收了。

「請問你吃完了嗎，可以收了嗎？」◐聖杯。

「我可以走了嗎？」●蓋杯。

「不能走？？？」◐聖杯。

「……你要點餐嗎？」◐聖杯。

「吃什麼東西，隨便？」我只是隨便問的，沒想到聖杯。

「……餅乾糖果？」◐聖杯。

「飲料點心？」◐聖杯。

「對面自助餐？」◐聖杯。

「炸雞 pizza？」聖杯。

「真的什麼都可以，隨便我帶？？」聖杯。

連續八個聖杯。

這幾天心情一直很差，就問王爺說能不能給我一支籤。允。抽到籤後重點是說不要人家說什麼就信什麼，要自己想清楚。

「……聽信人家說什麼……工作上的？」笑杯。

「……是我媽下午說的話我不要放在心上嗎？」聖杯。

「我知道啊，但就是中風之後容易想太多。我只是在想真的有必要活這麼久嗎，這麼累還活著不是我的風格。」笑杯。

「但就是不太想活著啊。」笑杯。

「在這世間我沒有一定要活著啊，是我活著要盡什麼未盡的責任嗎？」笑杯。

「就為了在意的人們盡力活著？」聖杯。

「那能不能再給我一支籤，我真的沒有方向。」聖杯。

然後我重抽六支。

我以為這已經算抽很久了，廟的工作人員說，我們真的很會抽，我說蛤，我以為抽六支已經抽夠久了，結果他說，他有一次抽到最後一支才得到聖杯。

30

連續三天都跟我媽見面，要開車載他，要找一些話題是簡短又能讓他一直說，說個不停讓他不會懷疑我語言不順暢，於是我昨天跟他說我擲了八個聖杯的事，他問我去哪裡擲筊，我說虎爺，果然，他就開始一串的「不要去宮廟」、「要求什麼，生活中沒有什麼好求」、「生活中沒有那麼多疑惑，要從自性去求」、「要靜下心來，往心中的佛，也就是自己心中的佛性去想」，然後我就沿路嗯嗯嗯嗯嗯嗯嗯他自己一個人就講了快一個小時。雖然我心中的白眼已經翻到天鵝星的背面去了。我差點就問他，你的意思是，你每次卜觀音靈課都是卜心裡健康的嗎。

我真的，很累。要怎麼樣不迷信，首先，你要有一個迷信的父母，從小看他做的一切就夠了。

2023

5 月

今天有路過虎爺那邊，就問一下廟方，人在我就進去拜。

今天拜軟糖。

要走的時候。

「可以收了嗎？」聖杯。

「今天吃得滿意嗎？」蓋杯。

「是口感不喜歡嗎，還是不好吃？？？」聖杯。

「那下次一樣隨便帶嗎？」蓋杯。

「……帶甚麼，掐掐吃的雞肉乾嗎？啊掐掐是我養的貓。」聖杯。

還好他很好養。

「還是罐頭？肉泥？魚乾？柴魚？」四個蓋杯。

「就是要雞肉乾就對了。」聖杯。

我就在笑。廟方問我怎麼了，我就跟他說他嫌棄我的軟糖的事情，他就說他前幾天才叫人家帶漢堡軟糖來。

我突然靈光一現。

問：「……是因為這款軟糖難吃嗎？因為我沒有吃過，都是給客人吃的。」◐聖杯。

「……所以，你只要好吃的軟糖？」◐聖杯。

「我不知道哪個軟糖好吃，無聊的軟糖裡面價格在漢堡軟糖價位以上的都帶過來試試看？」◐聖杯。

「……你還滿挑食的嘛。」◯笑杯。

「王爺我今天沒有甚麼想問欸，你想跟我說甚麼嗎？」●蓋杯。

「你沒有想跟我說什麼，那你想講甚麼，難道你也想點餐？？？」◯笑杯。

「我這樣繼續跟你問下去也沒有結果啊．我抽一支籤好不好。」◐聖杯。

然後一支就抽到了。

看了一下，呃，的確不是跟我說的。

於是我就問了幾個問題，◐◐◐◐◐◐◐七個聖杯＝＝

我跟我弟說，我弟：「新年就派你去了，據說有些地方擲筊送車跟房子。」

我：「幹XDDDDDDDDDDDD」

總之我個人覺得擲筊很鬼，尤其是今天的。我今天本來沒有要抽籤也沒有要問事，是廟方跟我說王爺想跟我聊一下，我就滿頭問號地拿筊起來擲。

「王爺我今天沒有甚麼想問欸，你想跟我說甚麼嗎？」蓋杯。

「你沒有想跟我說什麼，那你想講甚麼，難道你也想點餐？？？」笑杯

「你沒有想跟我講的事情，我也沒有想跟你講的事情，那這對話還成立嗎？」

笑杯

「我這樣繼續跟你問下去也沒有結果啊，我抽一支籤好不好。」聖杯。

然後這次抽籤也是一支就抽到了。

抽到雷雨詩第48：登山涉水正天寒。兄弟姻親那得安。幸遇虎頭人一喚。全家遂保汝重歡。

我真的問號欸。

因為我外婆人今天才送急診。但是我一點都不在意，所以我先問是我媽媽還是我弟會怎麼樣嗎，一樣是蓋杯。

就接著問：「是姥姥嗎？」聖杯。

但是因為我爸媽雙方的親戚都很糟糕，所以我一點都不在意他們怎麼樣，我就問說「我根本不知道這要提醒我甚麼，我姥姥掛了只有我媽會在意啊，所以這不是

9

抽到九十五，「知君袖內有驪珠。生不逢辰亦強圖。可歎頭顱已如許。而今方得貴人扶。」我看了一下，問他說「一樣是在討論我中風後的寫作嗎？」◐聖杯。

「叫我慢慢寫不要著急嗎？」◐聖杯。

「我知道啊，你只是再交代一次嗎？」◐笑杯。

「？？？，看不懂，是聖杯，可是你想笑一下嗎。」◐聖杯。

「好喔，還有其他要交代的嗎？有沒有要說什麼？還有沒有要給籤詩？」◐◐◐連續三個蓋杯。

「那我撤了喔，拜拜。」◐聖杯。

廟方在我拜完後又說了一次「你真的很會擲。」

其實多少有點相信五府千歲的原因不只是因為擲筊很鬼，畢竟我是個多疑的人（？？？？？）。看我沒事會跑去問達賴喇嘛辦公室就知道我是個很多疑且會去追究的人。

週六的時候去看乩身起駕的現場，在千歲下來以前，他被插隊，被媽祖廟的二媽下來，乩身就問說今天誰去拜媽祖，這個時候我們都互相看了看彼此，一臉茫然，

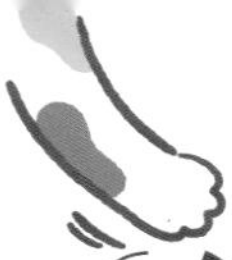

11

最後是我朋友的朋友，早上經過他學姐介紹的媽祖廟，就進去拜一下。

他一臉困惑，我們也一臉茫然，他說他只是路過拜一下欸，他甚至不知道那間是什麼廟，大家就問什麼廟，二媽可能看大家猜得很煩，直接寫出來是〇〇，朋友的朋友查了一下說對欸是〇〇宮……

後來二媽祖可能覺得拖太久就說交給王爺處理，然後就回去了。

再也沒有蒜苗佐烏魚子字數：29418，累積兩三年。
拜拜擲筊不到半年，嚴格說起來從十二月才開始：5756。

？？？？？？？？？？

做完腦波檢查路過五府千歲廟就下車拜拜，主要是我對昨天的事越想越氣，整個晚上都在反覆想自助餐發生的事情，於是就進來拜拜。

一進來廟思緒很雜亂，我以為自己有問問題，結果沒有問，擲出笑杯。我想了一下，發現自己居然什麼都沒問。這邊的爐是樓下兩口，樓上三口的設計，但是因為我車在路邊，又不方便爬樓梯，所以就問：

「對不起，我失智了，沒有問到問題，我想問可以在樓下燒香就好嗎，我的車在路邊，我也不太方便上樓。」—◐聖杯。

「我只是做完檢查來這邊路過拜拜，以後如果有空的話，另一邊沒開我可以來這邊拜拜嗎？」—◐聖杯。

「好喔，那虎爺有在這邊嗎？」—●蓋杯。

「所以只有去那邊才可以找虎爺玩嗎？」—◐聖杯。

「給籤嗎？我思緒很亂，甚至不知道自己要問什麼。」—◐聖杯。

這次的比較難抽，第一支笑杯，二三四蓋杯，我抽到第五支前問「是第一支很接近但是不那麼適合？」—◐聖杯。

第五支籤抽到了。

看完之後我問「是昨天自助餐的事情嗎？」—◐聖杯。

「好喔，就有點氣不過，反覆糾結在想。總之就是不要爭吵，練習情緒平穩？」

◐聖杯。

「我可不可以跟你商量一件事，因為擲筊一直丟地上，另外一邊有人幫我撿還有那邊比較小我比較不用跑那麼遠，我可以擲筊扔桌上嗎。」—聖杯。

「真的吼，那我扔桌上了喔。」—聖杯。

「再給一個聖杯好不好　我怕我會錯意。」—聖杯。

於是剛剛出現一個荒謬的場景，寺廟的人大概第一次看到一個人擲筊擲到後面都在桌上擲……

而且王爺很堅持要我在廟看完解籤的再走。

在抽籤時廟方有跟我說解籤書在旁邊。

抽到籤後。

「我可以回家再查看看什麼意思嗎？」—蓋杯。

「真的不能回家再查嗎，我頭世界黏，我想回家洗頭，可以嗎？」—蓋杯。

「那你等我一下，我去看一下。」—聖杯。

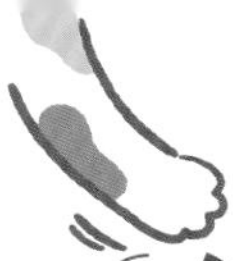

11

這真的，史上最荒謬。

荒謬的不是水。鬼才知道我為什麼突然想到液香扁食，我在花蓮三年只吃過一次。

別說你們不習慣，我弟不習慣，連我自己都不習慣我的改變啊。我大學20歲以前車禍八次，大學看到車禍不計其數（連民雄的警察都認識我了，目擊車禍目擊到連警察都知道我很衰），偶爾還會在路上遇到拿著開山刀的人，還看過飛車搶匪拖著一個老奶奶在我面前，見過人家跳樓，被從天而降的盆栽跟筆電擦過鼻尖過。什麼磁場不對氣場不合我都一律當成我身體不好，去廟裡哭了我以為是我被香薰到，在家裡的佛堂前哭了我當是我淚腺出了什麼問題，我一直以為擲筊就是概率的問題，抽籤的籤詩只是一種普遍適用的東西，我也沒想到我會有一天這麼熱衷於講擲筊的事情。

如果你們從小就被媽媽帶去各種怪力亂神的道場，一下什麼仙姑說自己神仙下凡，說你是神仙偷懶才落得人身，要努力精進不然一輩子就當人，然後他跟個陀螺一樣一直轉，一下子就是什麼宗教的師傅個個過得比世俗人還無恥，自己的阿嬤從小就瘋了，到處跟人說自己是仙姑。我唯一不會瘋掉的原因就是我將這一切都擋在門外。出社會後還看到一堆騙子，有說他的導師被達賴喇嘛要求收妖的（還是鎮妖），導師還自己貼文出來，結果你們也知道，我跑去寫信問達賴喇嘛辦公室，辦公室回我「沒有這回事」。導致我壓根不相信這一切，我連家裡拜拜說要去拜我爸，我都說土壤是相連的（我爸是樹葬），在家拜跟在那個生命園區拜是一樣的，拜過就好了。所以我開始擲筊的時候才各種詭異的問題外加變化球只差沒有指叉球了（見水仙尊王擲筊）。

總之，我從鐵齒變成不那麼鐵齒的過程大概是這樣。

你的人生真是從一個超級鐵齒突然畫風清奇
下午 4:38
已讀
下午 4:38

17

1

找到一罐百龍高粱，今天要帶阿存來拜拜，順便帶過來。來的時候他們在打掃，看到重新上漆的虎爺，就想說他那麼愛可愛好看的東西，應該會想重新拍照吧，就問他要不要再拍一張。笑杯。

「笑杯是什麼意思，等等整理完你回到位子後再拍？」聖杯。

……你也是滿多偶像包袱的嘛，感覺跟掐掐越來越像了。

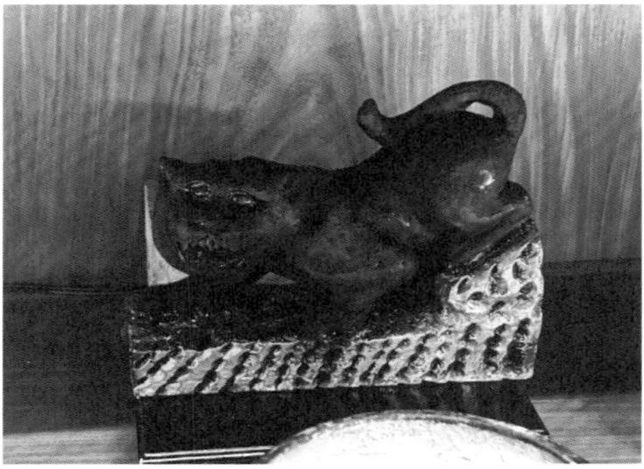

19

2

他們打掃好之後就拜高粱，問好不好喝問半天都是笑杯，笑到我崩潰，就問「那我把高粱帶走喔。」蓋杯。

「……你是不是喝得很滿意。」聖杯。

「所以才一直笑？」聖杯。

「……那你慢慢喝，我先回去了。」蓋杯。同時一陣噁心想打嗝的速度變快了。

「……我要先去忙，我下午再過來，你不用催油門沒關係，人類打嗝速度真的沒辦法那麼快……」聖杯。

帶車輪餅來拜拜。

問王爺說「你喜歡車輪餅嗎。」聖杯。

「這車輪餅吃得滿意嗎。」蓋杯。

「……是芋頭的不喜歡嗎？？？」聖杯。

「紅豆的？奶油的？紅豆？奶油？」蓋聖蓋聖。

「那芋頭的我先撤掉？」聖杯。

撤掉之後，過一陣子。

「要不要我再去買奶油餅，他在附近而已。」蓋杯。

「你不想要我回家，想要我留下來陪你玩？？？」笑杯。

「……真的不行啦，我有訂比較好吃的雞肉乾，就上次那個比較貴的那種，不過他年後才做，他做好之後我拿過來跟你一起吃，你先讓我回家啦好不好。」

笑杯。

「是聽到好吃的雞肉乾你笑得很開心嗎……？」聖杯。

「那就說好囉，我回家了。」聖杯。

3

回家又聽到我媽說了一次連三笑杯真的很難擲。

我：「……？」

28

這比擲筊更讓我相信千歲跟虎爺的存在

花蓮水在我家平安地度過一個過年

阿存說前天他看到掐掐在抓花蓮水

我想說終於開抓了嗎

存：「他用很輕的力氣撥一下撥一下？？？」

我：「？？？？？」

30

我：「不要一直出笑杯，體諒一下我完全看不到你們，這樣溝通上很困難，真的很困難！！！」

（笑杯 again）

30

今天來之前，朋友密我跟我說，廟公（？？？）跟他說這邊在虎爺界（？）很有名，叫我問一下為什麼，是因為逗貓棒嗎。來這邊後問了各種問題我終於想到這件事，就問虎爺。

「……聽說這邊在虎爺界……你們居然還有虎爺界，感覺是個超大的圈子，聽說這邊在虎爺界很有名？？？」◐聖杯。

「……為什麼，因為逗貓棒嗎？？？這邊有逗貓棒其他地方沒有所以很有名。」

●蓋杯。

「不然是因為我嗎？？」◐聖杯。

「……因為我很好笑嗎？」◯笑杯。

「……總之是因為我？？？」◐聖杯。

「……不行，我一定要問出來，是因為我很好笑嗎？？」◐聖杯。

「……我可以理解成是我很有趣嗎？？？？？」◐聖杯。

30

「Ok。Fine。我先退到一邊休息……」◐聖杯。

曾經無神論過，但我當時是覺得誰要相信什麼那都是自己的事情。現在與其說是相信神，不如說是相信自己看到的，畢竟我的層次就在那邊，我的層次不高，所見即真實。

30

今天待到很晚。

問王爺說可不可以走了。笑杯。每次王爺要我自己決定的時候都是笑杯。我就問說是我自己決定嗎？就聖杯。

然後我又問了一些私事。

然後再問一次我要走了喔。

這次蓋杯。

我：「……是虎爺嗎？？？」◐聖杯。

「拜託放我回家，我訂的雞肉乾快好了，好了我就拿過來，好吃的肉乾在做了，放我回家，人家也要休息啊～～～～」◐聖杯。

31

用這套筊來擲筊後我的笑杯明顯變多了，就算要答否的問題也一樣笑杯，問在不在也笑杯，一堆笑杯。我剛剛終於受不了了，問：「你是想看字所以一直出笑杯嗎？？？？？」

◐聖杯。

31

刻好了。

我還是覺得，雖然我做完了，但是可以不要請乩身傳達這種莫名其妙的要求嗎。

醫：「他就是交代你做來娛樂他的啊，當神很不開心好不好，要一直受到人類的騷擾，很多人雖然樣子是人但是腦子裡比畜生還要糟糕，然後又一直去騷擾神。他幫你忙，只叫你讓他開心一下也還好啦，不然你問看看王爺。」◐◐◐三聖杯。

=..=

好、好啦。

31

1

總覺得蓋章那天的東西越來越多……

有烏魚子、胡椒鹽、糖果（發財、好運、有錢隨機）、手環。

反正我不用帶這堆東西（？？？？？）

擲筊問說「我可以拿走了嗎」，怎麼擲都是蓋杯。

問「交給他們帶過去書展嗎？？？」◐聖杯。

欸不是，沒有這樣使喚乩身的啦。

2

不同天不同時間問都一樣 -.-

今天問到一半我問說「我可以去旁邊坐著了嗎？」●蓋杯。我：？？？？？問是不是虎爺，答◐聖杯。

「你是因為我帶了高粱酒卻沒帶你的雞肉乾來在不開心嗎，等一下嘛，店家說雞肉還沒到，等他做好我一定馬上拿來。」居然是●蓋杯。

「你是不是要逗貓棒？？」也是●蓋杯。

我想了好久，問了三次都是蓋杯。

「……你是因為我都沒問你問題在不開心？」◐聖杯。

「……不是因為沒帶雞肉不開心？」◐聖杯。

「你不想我以為你是隻這麼物質的貓咪？？？」◐聖杯。

「你只是想要我陪你玩？？」◐聖杯。

「我不知道怎麼陪你玩啊，我去坐在旁邊隨便你玩好不好？？？」○笑杯。

「帶不帶東西都無所謂，人過來就好？」◐聖杯。

「過來之後再看狀況看你要什麼我再弄好嗎？？」◐聖杯。

「那你現在要逗貓棒嗎？」●蓋杯。

「我去旁邊休息喔。」◐聖杯。

2月1

回到家，帶著醫生要給王爺的藥酒，先放在一邊明天要帶過去。

存：「那罐是什麼？」

我：「醫生要給王爺的藥酒。」

存：「？？？」

我：「我是中轉站。」

存：「不，你是 Uber 欸。」

我：「？？？」

存：「藥酒能喝嗎？」

我：「我不知道啊，反正不是人喝。」

存：「我的意思是，王爺接受嗎？」

我：「我擲筊問過啊，他說有興趣啊，就算不停笑杯，但我只要說我不帶藥酒過來了就一定蓋杯。」

我：「其實我早上的時候很想跟他說，至少千歲不會跟我說他要辦法會要我發心五十萬元。」

我弟：「。」

2

用虎爺好朋友那套擲筊一直出現笑杯，因為在問認真的問題，沒辦法分辨它到底是聖杯還是笑杯，只好問：「我是不是先換一套筊擲比較好？」聖杯。

「你會一直想看笑杯那一面？？」聖杯。

「好喔，但是這些問題我跟廟公沒辦法把笑杯當聖杯用，為了確定我還是先換套筊擲？給是或否，不要給笑拜託我看不懂。」聖杯。

於是我們換了一套筊來擲，接下來一切正常。

神靈的生活是不是真的很苦悶。

21

要走的時候廟公問我有沒有問虎爺昨天有沒有去我們家。我說我完全忘了。於是就要問他。

「虎爺你昨天有去我們家嗎？」聖杯。

「你去我們家玩得開心嗎？」聖杯。

「你跟掐掐玩得開心嗎？」笑杯。

「掐掐很可愛吧？」笑杯。

「這個笑杯是聖杯的意思嗎？」蓋杯。

「……是他雖然很可愛但你更可愛的意思嗎？？」聖杯。

「好喔XDDDDDDDDD你們貓界的長相我分不出誰更可愛XDDDDDDDDD」

笑杯。

2

「我要準備一隻貓咪的玩偶給你，你有空的時候可以過來玩，當別墅之類的嗎？」

聖杯。

「沒事可以供一點軟糖或肉乾？」聖杯。

「好喔，我有空再來準備。那我可以走了嗎？」聖杯。

3

「差點忘記，有人想要做你的玩偶，你同意做嗎？」笑杯。

「這笑杯是什麼意思……你要審稿嗎？？？」聖杯。

「好喔……我跟他說，他圖出來我再拿過來問你。」聖杯。

「你真的偶包很重，難怪你跟掐掐合得來。」我沒擲筊。

「昨天那個客人我還會再碰到他嗎？」聖杯。
「我如果跟他提的話他有意願還我嗎？」聖杯。
「好喔，我就，很不安想問問。其實我也認了，真的追不回來我也就是怪自己而已。」聖杯。
「啊我忘記問了，王爺你在嗎？」聖杯。
「好喔，我忘了問了XDDDDDDDD 虎爺在嗎 XDDDDDDDDDD」聖杯。
「我昨天忘記問了，你的別墅先暫時用石虎娃娃可以嗎？」聖杯。
「要拿過來過香爐嗎？」笑杯。
「隨便我要不要拿來？？」笑杯。
「不是，你一直笑我看不懂，是拿來過也可以，不拿也可以，但拿來過一下更好？給是否。」聖杯。
「那個石虎娃娃你有看過嗎？」笑杯。
「就我家那個，你來的時候看過他長怎樣了嗎？」笑杯。
「所以那個可以嗎，給我是否。」聖杯。
「那你的娃娃做成類似那個風格的嗎？因為對方不知道你喜歡什麼型的。」聖杯。

「好喔，那就這樣定了喔，我再去跟對方講。」聖杯。

「啊王爺我忘了，要給籤詩嗎？」笑杯。

「因為我只是心中不安想要指示，所以給不給都無所謂？」聖杯。

「好喔，我走囉拜拜。」聖杯。

真的是要展開擲筊大決鬥嗎
還是乾脆抽籤就好了
（就是明天了但我連怎麼做都還沒想好）

做了一個很不敬的舉動，我問虎爺：

「我一直叫你虎爺，那如果很多隻虎爺的話該怎麼辦，能不能幫你取綽號？」

笑杯。

「所以是可以嗎？」聖杯。

「可以的話給我三個聖杯。」聖杯。

「第三個囉我要幫你取綽號囉！！！」聖杯。

「大黑？？？……我的腦容量太小了，一時之間只想到這個名字。」蓋杯。

毫不猶豫的蓋杯。

「那ㄅㄨㄅㄨ，跟掐掐是一對，本來想養狗叫ㄅㄨㄅㄨ，結果一直沒有養。不過我也不會一直叫你ㄅㄨㄅㄨ啦，只是以防萬一。」笑杯。

然後就一直笑杯。

「以上的問題都是聖杯嗎？？？給我是否。」聖杯。

20231114：結果現在一直叫他哺哺。

統整一下明天會有：

烏魚子、胡椒鹽、糖果（好運發財有錢隨機）、六個手環、紅茶茶包、三瓶水。

留資料寄送的：

一組肖楠一組綠檀兩組筊。

明天看人數再決定怎麼進行好不好，我實在想不到要怎麼篩選。如果人沒有很多，那我們就隨便發個號碼牌，手機隨機抽幾個號碼出來擲筊拿烏魚子跟手環或紅茶。我猜糖果跟胡椒粉應該是人人有獎，因為會到現場去的人不多，應該，還好吧。

如果人很多的話，我們就猜拳先刷掉一半的人（幹）。

好！！！就這麼決定！！！

所以你們真的有想給大家吃烏魚子嗎

前幾個人的笑杯

你們吃不到的兇手在這邊（？？？？？）

5

「你昨天開心嗎？開心給聖杯，不開心蓋杯。」蓋杯。

「沒有讓你玩到筊杯很不開心？」聖杯。

「是因為有人不守規矩猜拳沒有贏也上來拿嗎？」聖杯。

「好喔，原諒他好不好，他感覺很想要，就這樣給他吧。」聖杯。

「好喔，你先吃雞肉乾，下次我們有機會再挑一天時間跟空間都夠的地方給你玩好嗎？」笑杯。

是後來有人跟我說的，說有個人沒有贏可是還是上去拿了手環。

如果是你拿了手環的話，沒有人會在意那個手環，你也不用在意，如果很在意的話，就近找個地方，慈善機構等隨便捐點錢就好了。

也不用來私訊跟我說。

5

1

被塞兩張籤詩。

我為甚麼說是塞。

因為我今天去王爺那邊，準備去旁邊休息，擲筊怎麼擲都是笑杯（六個笑杯），

我只好問說：「是有甚麼事要交代嗎？」聖杯。

我今天被叫著做了超多的事情，阿存的手環，我的手環，位置要坐神桌的斜對角，拍照（……）。

種種都問完了還是笑杯。問：「抽籤詩嗎？我真的聽不懂。」

然後終於聖杯了

第一支抽到第十籤。

病患時時命蹇衰，何須打瓦共鑽龜。直教重見一陽復，始可求神仗佛持。

「是這支嗎？」◐聖杯。

「這支不是抽過了嗎？是新的事情嗎？」●蓋杯。

「這些是去年冬天之前的事情？」○笑杯。

「今年春天之前的事？」◐聖杯。

「我知道啊？？你只是提醒我嗎？？」◐聖杯。

「好哦，謝謝你的提醒。那我可以去旁邊坐了嗎？」我又開始漫長的笑杯之旅。

「再抽一支籤？？？」◐聖杯。

「我沒有要問問題啊，我確認一下，再抽一支籤給聖杯。」◐◐二聖杯。「給三聖杯。」◐◐◐三聖杯。

這回抽到一百。

我本天仙雷雨師，吉凶禍福我先知。至誠禱祝皆靈應，抽得終籤百事宜。

「……這支是好籤欸，你是不是給錯？？？」笑杯。

「確定是這支嗎？」聖杯。

「好哦，那我們來猜猜樂環節，這在說甚麼，說工作？」笑杯。

「整體運勢？」聖杯。

「這張要搭配上一張一起看，代表我衰的時候過了，後面按部就班處理一切都會順利，叫我不要太擔心？」聖杯。

「好哦，希望真的是這樣QQ。那我要去旁邊坐著了喔。」聖杯。

2

我今天說：「三蓋杯對我來說比三聖杯難多了。」

友：「這是我近期聽過最凡爾賽的話。」（不停被蓋杯的人）

3

會說到三蓋杯是因為我今天問虎爺

「你跟掐掐合得來嗎？？？」笑杯。

「掐掐是隻很貪吃的貓咪吼？」蓋杯。

「？，你認真嗎，他不貪吃的話再給二蓋杯。」二蓋杯。

5

「？？？？？，不貪吃的話給三蓋杯。」三蓋杯。

不是不能理解我媽的憂慮，但這種話由他跟我說就特別好笑，因為他是個連要出遊都要去問菩薩的人。

對我來說神佛菩薩是一樣的，他信的混合了很多現代科學，所以他是傳統跟科學並行的人，有時候，挺荒謬。譬如他雖然沒說，可是我聽的出來他不希望我去五府千歲那邊，他可能以為我去那邊就是要求什麼或者有什麼目的（就一般人想法來說這樣比較正常），殊不知我只是因為那邊待著感覺比較舒服，而且我真的只是去聊天。（不管是跟廟公聊還是擲筊都是）

7

「虎爺在嗎？」蓋杯。
「出去玩了嗎？」聖杯。
「那王爺在嗎？」蓋杯。

7

「帶虎爺出去玩了？？？遛貓？？？」笑杯。

「那你是誰，是值班的……神？？？值星官？？？」蓋杯。

「是別的王爺嗎？」聖杯。

「對不起我到現在其實還分不清楚你們誰是誰，不要生氣。」笑杯。

「你是喜歡吃奶油餅的那個王爺嗎？」蓋杯。

「奶油餅王爺是外出的那個王爺？」聖杯。

「好喔，我本來要說那間紅豆餅沒開。」笑杯。

「那我去旁邊坐著囉。」聖杯。

「王爺你剛剛去遛虎爺嗎？」蓋杯。

「你去和其他神明交誼聊天嗎？」聖杯。

「你是不是偷懶？」蓋杯。

「你是不是不承認自己偷懶？」蓋杯。

「你是跟我說要吃奶油餅的王爺嗎？」聖杯。

「平常回我杯的到底是哪尊王爺？」超級混亂的杯，最後問出的結果是，他們看心情，會混合多打（誤）。（每一尊都是笑杯跟聖杯）

「那你是哪一尊王爺？（問了前中後左一左二左三依序問下去，多次確認後是最

後面大尊的右一，李府千歲）」
「好喔，那你現在要吃奶油餅嗎？」笑杯。
「給我是否，笑的話我看不懂。」蓋杯。
「如果我要叫外送咧，順便叫你的。」聖杯。
「確定嗎，確定我就叫了喔，」聖杯。

「虎爺回來了嗎？」三個笑杯，我猜回來了。
「你今天出去玩喔？」聖杯。
「好哦，開心嗎？」笑杯。
「感覺很開心的樣子，問一下娃娃那樣會太擠嗎？」笑杯。
「不會太擠的話給聖杯，一直笑我看不懂。」聖杯。
「那雞肉乾拜完之後可以拜掐掐的罐罐嗎，這樣你們就有一個食物的循環，拜完你之後可以給他吃。」聖杯。
「我還是先拜雞肉乾？」聖杯。
「一樣不要干貝跟魚乾，總之海鮮之類的都不要吼？」蓋杯。
「好，我可以去旁邊坐著嗎？」聖杯。

後來叫的飲料便當跟紅豆餅送來了。順便把便當先供給虎爺吃。

「奶油餅只叫了四個，我不知道有幾尊愛吃，四個你們夠分嗎？」◐聖杯。

「只有十分鐘給你們吃哦，我十分後要回家，可以嗎？」◐聖杯。

8

「那個雞腿便當虎爺可以吃嗎？」—聖杯。
「好哦，你也只有十分鐘可以吃喔。」—聖杯。
「那我先去休息了，十分鐘後我再來收，」—聖杯。
十分鐘後。
「好了，我準備要收了喔，可以收了嗎，不能的話就留在這邊，反正我也不能吃。」—聖杯。
「虎爺的我也可以收了嗎？」—笑杯。
「是好的意思嗎？我先收了，因為我要回家了，如果你吃不夠的話，你的別墅前還有雞肉乾。」—聖杯。

「說要烏魚子跟奶油餅的是不同王爺嗎？」—聖杯。
「是哪一尊？」超級混亂，後來問確定是有人想吃有人不想吃。
「所以那天叫我帶烏魚子的是哪一位？」後來擲出來是莫府二千歲，三聖杯確定，其他都是笑杯。
「以後可以叫你們奶油餅王爺跟烏魚子王爺嗎，我比較好分，可以的話三聖杯謝謝。」—三聖杯。

8

友：「尚緯宇宙越來越荒唐了。」

我：「別說別人，我自己都沒有想過會這麼荒謬。」

醫生叫我問王爺是不是手指不要ㄍㄧㄥ住，照常使用，傷口正常照顧，幾天就會好。

我就問了。

但杯很混亂。

我就問「王爺是不是不在？」聖杯。

總感覺他有種鬆了口氣，這個人類終於猜對了的感覺。

「那你是哪一位，是後面中間的王爺嗎？」聖杯。

「好喔。那我的傷口是不是不要管他自己會好？」蓋杯。

我想了很久，試著問他：「我是說照常生活，我當然會做基本包紮，包紮好就好是嗎？」聖杯。

「是不是完全不要理它就好了？」蓋杯。

「……我是說，不要理它會痛，就照常生活，不要因為害怕避開它。」笑杯。

「你的笑杯也是笑嗎，是的話給聖杯。」聖杯。

「好喔……」

坐下後跟醫生說，「奶油餅不在，回話的是中間那尊，要問超級詳細。」

醫：「還好我寫得很清楚。」（叫出那個圖示意他寫得非常清楚）

然後廟公從外面進來，我問他最後面中間那尊是誰？他：「張府大千歲，怎麼了，他平常不說話的，他說話的時候通常是有大事的時候。」

我：「沒事……我懂了。」交流障礙在我腦中一閃而過。

這些事情我也擲筊問了高粱千歲（？？？？）

我問「你是不是不喜歡說話。」聖杯。

「剛剛的事我可以打在網路上嗎？」聖杯。

「那可以幫你取別名嗎？」笑杯。

「隨便我的意思嗎？」聖杯。

然後就進入了漫長的擲筊環節，不愛講話、冷酷、冷面都蓋杯，只有高粱跟百龍是聖杯。很有趣的是第三聖杯一定會笑杯。

8

「…………你是不是很懶得把話重複三次？」◐聖杯。

「是不是覺得講兩次已經夠多了？？？」◐聖杯。

「……好，那我再問一次，叫你高粱王爺好不好，好的話給我兩個聖杯一個笑杯。」◐◐○聖聖笑。

「我去發文了喔。」◐聖杯。

總有種他叫我快滾的感覺。

七個聖杯刻哺哺好朋友。

我真的很後悔問他給他選。

應該在問到說是不是刻一樣的字的時候就停的。

廟公還跟我說：「都是聖杯欸恭喜！」

我：「不是，我等等再跟你解釋…………」痛苦地繼續擲筊。

我問說哺哺好朋友就聖杯，虎爺好朋友就蓋杯，隨便就笑杯（可是隨便的話我會刻虎爺）

（痛苦）

我還問他哪個哺……口字旁的嗎……

8

從擲筊中學到的事情之一：
有些事真的不要沒事去問，問
了就得做。

我是被刻印店四個人目送走的
（？？？？？）

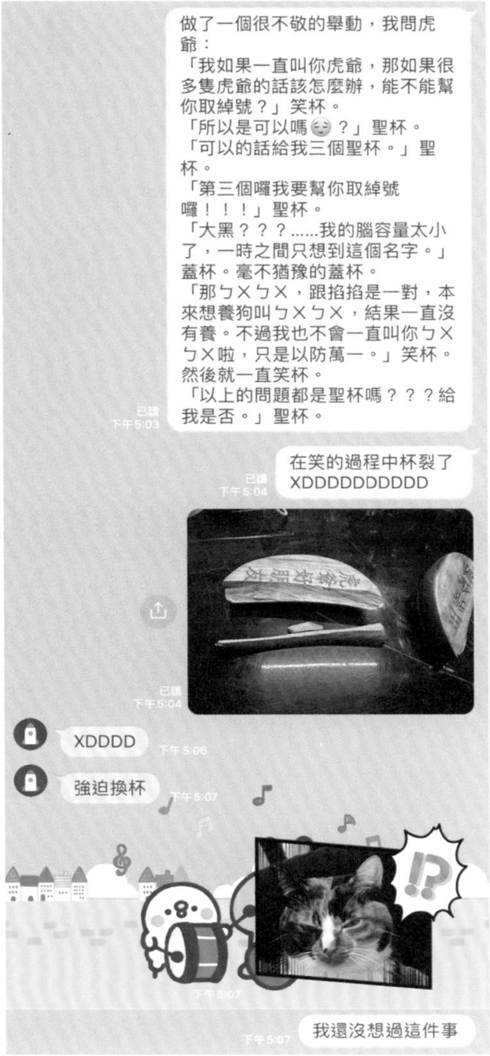
做了一個很不敬的舉動，我問虎爺：
「我如果一直叫你虎爺，那如果很多隻虎爺的話該怎麼辦，能不能幫你取綽號？」笑杯。
「所以是可以嗎😌？」聖杯。
「可以的話給我三個聖杯。」聖杯。
「第三個囉我要幫你取綽號囉！！！」聖杯。
「大黑？？？……我的腦容量太小了，一時之間只想到這個名字。」蓋杯。毫不猶豫的蓋杯。
「那ㄅㄨㄅㄨ，跟掐掐是一對，本來想養狗叫ㄅㄨㄅㄨ，結果一直沒有養。不過我也不會一直叫你ㄅㄨㄅㄨ啦，只是以防萬一。」笑杯。然後就一直笑杯。
「以上的問題都是聖杯嗎？？？給我是否。」聖杯。
已讀
下午5:03
在笑的過程中杯裂了XDDDDDDDDDD
已讀
下午5:04
已讀
下午5:04
XDDDD
下午5:06
強迫換杯
下午5:07
下午5:07
我還沒想過這件事
下午5:07

8

我沒想過……

這個……

可能……

幹所以是取名字要換杯才把它用裂的嗎

寫到一半覺得超級荒謬：

「有人曾經問我說：『我以為你是不需要信仰的人。』嚴格說起來我也不算是信仰，我曾寫過一篇散文在寫我沒有信仰，因為我看過太多人因信仰導致自己的生活失能。所以我對發生在我身上的事情都當作只是我比較衰，這個衰包括了，大學一年車禍六次，大學四年看到無數的車禍現場，頻率高到我去民雄警察局，當地的警察看到我只會說：『又看到車禍了喔？』我有時候都會懷疑我才是這些車禍的幕後主使，不然怎麼這麼剛好我都在現場，而現場沒有監視器？我現在對這一切仍是沒有足夠的敬意，不像我的母親及我看到的種種人等，我甚至還幫虎爺取了別名叫哺哺，李府千歲喜歡吃奶油餅於是叫他奶油餅，莫府千歲指定要烏魚子於是幫他取名叫烏魚子，張府千歲喜歡喝高粱於是叫他高粱（這些稱呼全部都經過同意，都是三聖杯才改稱）。」

我：「那間刻印店可能有在刻祖宗牌位之類的，我今天進去看有看到刻廢的牌位。」

黃麗群：「你要不要再看一次這個場景有多荒謬。」

這有點複雜，總之就是有盆錢母，然後廟方在問要怎麼處理，問到一個坎站就一直出笑杯跟蓋杯。

然後就換我去擲筊。總之，他真的是隻人來瘋的貓咪欸。不僅要弄卡片把一元貼上去，卡片還要畫布偶的形象圖 -.-

如果哪一天這個對別人來說完全沒什麼用處的書有集結成冊的話，把它當贈品送給別人。那個一元硬幣居然不能有其他用途 -.-

我真的是，謝囉。

廟公在問張府大千歲：

「你知道尚緯叫你高粱王爺嗎？」◐聖杯。

「你接受嗎？」●蓋杯。

「你有同意嗎？」◐聖杯。

「你不接受可是你同意？？」◐聖杯。

廟公看我的表情很奇妙。

說一下已經確定的事情，因為以上的事情都在十五分鐘內敲定的，所以只是說已經確定的事。

1書會出，啟明會出。

2一樣是 Lobster 畫。

3錢母的數量不是整數，那碗有多少就多少，我沒打算增加自己的工作量==

4版稅我會捐給家扶中心。到時候我會貼收據。

5總之，在今年過完以前應該會出吧==

20231114：哈哈，結果是明年了

剛剛實在打嗝打得太誇張了，就問王爺是不是有事叫我。◐聖杯。

我想很久想不出來他找我幹嘛，於是問：「跟我今天進來問的所有事情有關係嗎？」◐聖杯。

「難道是烏魚子車輪餅嗎？」◐聖杯。

「……你是奶油餅王爺嗎？？？」◐聖杯。

「你不是對那個沒有興趣嗎？？？」◯笑杯。

「別的神跟你説感覺很有趣你才改變主意嗎？」聖杯。

真的是倒抽一口氣。

「我，去買一口烏魚子，然後拿過來泡過高粱用火燒它，然後去買現成的奶油餅把它跟內餡組合在一起怎麼樣？？？」聖杯。

「那就這樣定了，大概要下週或下下週了，我比較沒時間。」笑杯。

「這是開心的笑嗎，給我是否。」聖杯。

「……我先退下了，下次可不可以換跳眼皮之類的方式叫我？」笑杯。「我先走了喔。」聖杯。

我第一個反應：這也太偷吃步了吧。

然後杯掉下去的聲音吸引到掐掐過來。

王爺金孫

……算了反正買了一袋一口烏魚子。

大概流程應該會是烏魚子過高粱燒，切碎保留些許顆粒，然後去車輪餅攤，請他賣我一點奶油餡，混合在一起，請他幫我做好。

算了算了，你們乾脆開趴好了（自暴自棄）

問題在於，那個餡我也很想吃吃看……

找到其中一個飼主了：醫生。

（為什麼我把車輪餅講的像是什麼遺棄寵物一樣）

醫生今天看到我：「叫你多嘴去問，不要問不就沒事了嗎？？？」

11

……我本來是想說放神桌上就好。

然後：

「我真的帶球棒過來了。」笑杯。

「拿來供？」聖杯。

「神桌上？」笑杯。

「這是是的意思嗎？」蓋杯。

「哪……裏……？神像前面嗎？？？」聖杯。

「給三聖杯，這是二聖杯。」二聖杯。

「……三聖杯。」三聖杯。

「你等一下我叫廟公的女兒來擲。」

叫他女兒來擲。聖杯。

「你等一下我叫兒子來擲……」

叫兒子來擲。聖杯。

「……好喔。我們先不繼續討論這個，今天拜人家送的布丁如何，喜歡吃嗎……」

聖杯。

「好喔，虎爺那個雞肉可以嗎，等等拜完我吃掉。」

聖杯。

「我去找廟公求救一下。」

聖杯。

找廟公求救，研究球棒怎麼放。他女兒已經在這之間都問完了，直立，放上面。放完後。

「我可以去旁邊休息了嗎？」蓋杯。

「我還有什麼事要做？？」

聖杯。

「……拍照？」聖杯。

「……這張可以嗎？」

聖杯。

⑪

不是，你們不要去騷擾行天宮恩主公（？？？？）

已經有5+的人來跟我說（代表一定超過5+）他們去問恩主公知不知道桃園王爺金孫、虎爺好朋友、哺哺好朋友、不能吃烏魚子的王爺金孫、各種我這三個月的荒謬行徑衍生出來的綽號了。不要拿我的事去騷擾神明啊XDDDDDDDDD

⑫

廟公突然在擲筊，然後他說行天宮帝君過來，問他要幹嘛，總之他擲筊過了一陣子後跟我說是找我的。

我：「？？？」

因為我實在猜不到他要幹嘛，就問他給不給籤，因為我不想一直猜很累。抽到之後就問說「你是指疾病那條嗎？」◐聖杯。

「……我知道啊，還有其他事嗎？」◐聖杯。

「什麼事，抽籤嗎？」●蓋杯。

「……跟奶油餅那天有關？」◐聖杯。

「不會奶油餅還要加其他料吧，臣妾辦不到，我是不會做的。」○笑杯。

「是聖杯還蓋杯？」●蓋杯。

「……你是不是想喝酒了？」◐聖杯。

「……我那天帶百龍過來嗎？」聖杯。

我真的是，嘆了一口氣，廟公問我幹嘛，我說等下再說。

「你專門過來其實是為了說這個？」聖杯。

「給籤詩只是順便？」笑杯。

「你是不是真的很想喝酒？」聖杯。

「……好啦我帶過來。」笑杯。

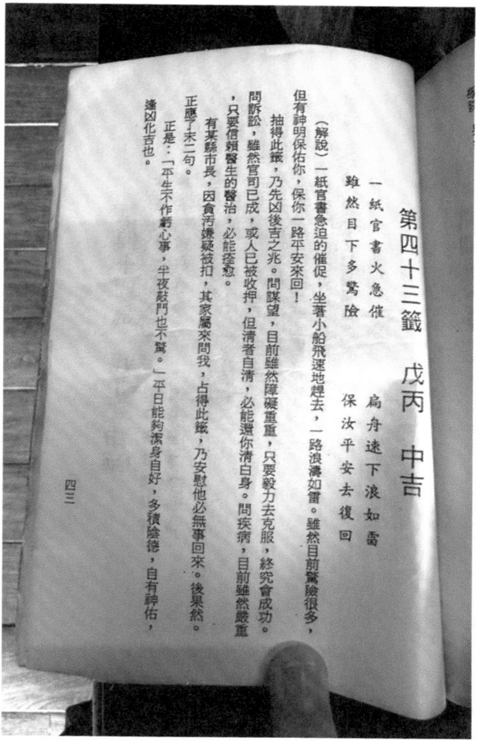

第四十三籤 戊丙 中吉

一紙官書火急催 扁舟速下浪如雷

雖然目下多驚險 保汝平安去復回

（解說）一紙官書急迫的催促，坐著小船飛速地趕去，一路浪濤如雷。雖然目前驚險很多，但有神明保佑你，保你一路平安來回！

抽得此籤，乃先凶後吉之兆。問謀望，目前雖然障礙重重，只要毅力去克服，終究會成功。問訴訟，雖然官司已成，或人已被收押，但清者自清，必能還你清白身。問疾病，目前雖然嚴重，只要信賴醫生的醫治，必能痊癒。

有某縣市長，因貪污嫌疑被扣，其家屬來問我，占得此籤，乃安慰他必無事回來。後果然。正應了末二句。

正是：「平生不作虧心事，半夜敲門也不驚。」平日能夠潔身自好，多積陰德，自有神佑，逢凶化吉也。

四三

12

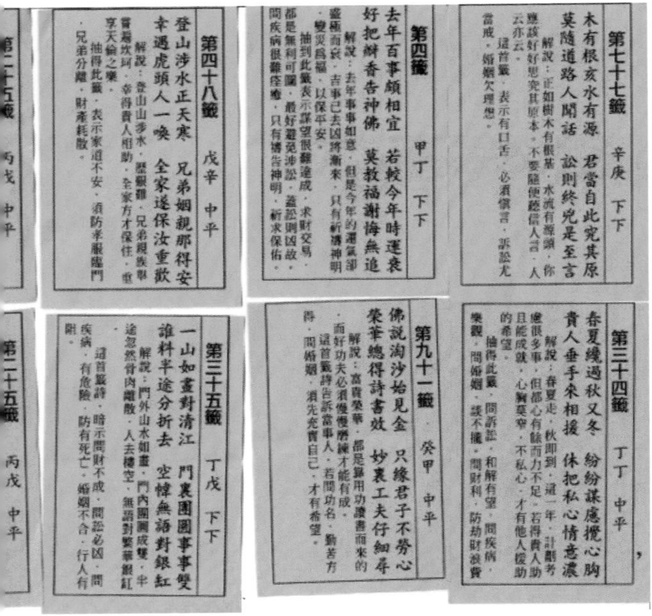
第七十七籤　辛庚　下下
木有根亥水有源　君當自此究其原
莫隨道路人閒話　訟則終兇是至言
解說：正如樹木有根基，水流有源頭，你應該好好思究其原本，不要隨便聽信人言，人云亦云。
這首籤，表示有口舌，必須慎言，訴訟尤當戒，婚姻欠理想。

第三十四籤　丁丁　中平
春夏纔過秋又冬　紛紛謀慮攪心胸
貴人垂手來相援　休把私心情意濃
解說：春夏走，秋即到，這一年，計劃考慮很多事，但都心有餘而力不足。若得貴人助且能成就，心胸莫窄，不私心，才有他人援助的希望。
抽得此籤，問訴訟，和解有望，問疾病，樂觀，問婚姻，談不攏，問財利，防劫財損費

第四籤　甲丁　下下
去年百事頗相宜　若較今年時運衰
好把辦香告神佛　莫教福謝悔無追
解說：去年事事如意，但是今年的運氣卻盛極而衰，吉事已去凶將漸來，只有祈禱神明，變災爲福，以保平安。
抽到此籤表示謀望很難達成，求財交易都是無利可圖，最好避免涉訟，蓋訟則凶故，問疾病很難痊癒，只有禱告神明，祈求保佑。

第九十一籤　癸甲　中平
佛說淘沙始見金　只緣君子不勞心
榮華總得詩書效　妙裏工夫仔細尋
解說：富貴榮華，都是靠用功讀書而來的，而好功夫必須慢慢磨練才能有成。
這首籤詩告訴當事人，若問功名，勤苦方得，問婚姻，須先充實自己，才有希望。

第四十八籤　戊辛　中平
登山涉水正天寒　兄弟姻親那得安
幸遇虎頭人一喚　全家遂保汝重歡
解說：登山山涉水，歷艱難，兄弟親族舉舊婦炊珂，幸得貴人相助，全家方才保住，重享天倫之樂。
抽得此籤，表示家道不安，須防孝服臨門，兄弟分離，財產耗散。

第三十五籤　丁戊　下下
一山如畫對清江　門裏團圓事事雙
誰料半途分折去　空幃無語對銀缸
解說：門外山水如畫，門內團圓成雙，半途忽然骨肉離散，人去樓空，無語對緊華銀缸。
這首籤詩，暗示問財不成，問訟必凶，問疾病，有危險，防有死亡，婚姻不合，行人有附。

第二十五籤　丙戌　中平

第二十五籤　丙戌　中平

跟朋友說我抽籤的故事，最近抽到上
上或中上覺得不可思議，他覺得這太
誇張了，中吉不就是中間偏上。
不，你們不懂，等一下我做完飯再整
理一下我這幾個月都抽到什麼籤。
給各位看看我這三個月抽籤的精美戰
績
不分時間順序
裡面嚴格說起來應該只有1—4張是
我自己去問的
其他的都是他們塞給我的==
（就是不抽不讓走的那種）
或者是我猜不到他們要說甚麼問說給
籤嗎
這樣猜下去沒有結果

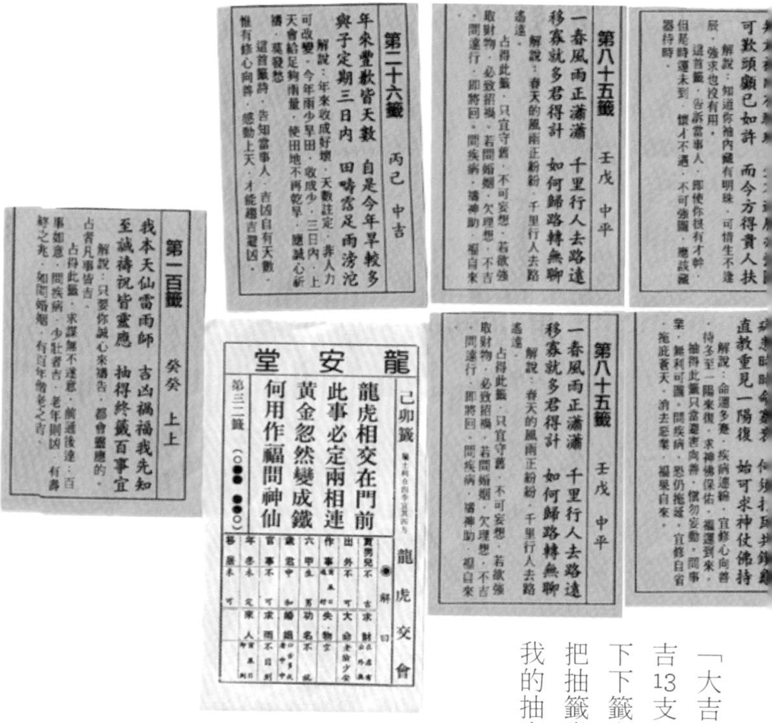

「大吉總共3支、上上籤有10支、上吉13支，最多的是中平籤有36支，但下下籤竟然有27支。」

把抽籤當作抽卡好了

我的抽卡人生中沒有看過這種事（幹

13

「王爺在嗎？」●蓋杯。

「不是這樣，應該說有任何一個喜歡吃蛋糕的王爺在嗎？」◐聖杯。

「好喔，哪一個王爺不在，又是奶油餅嗎？」◐聖杯。

「他又出去聊天了嗎？」◐聖杯。

「他是你們這邊的交際負責人欸。」◐聖杯。

「他是不是常常出去浪……不是，出去聊天。」○笑杯。

帶了酒過來。

「給你們看一下喔，這是那天要配奶油餅的。」◐聖杯。

「我給你們看一下要拿下去了喔。」蓋杯。●●●●連四蓋。

「……你們是不是要偷喝。」○笑杯。

「正大光明地喝？？？」◐聖杯。

「不行啦，等等我要拿走，帝君要喝啊！」●蓋杯。

「……只能喝一部分。」◐聖杯。

「不能喝超過一半。」◐聖杯。

「好，我去旁邊坐下-.-」○笑杯。

13

「你們是不是很爽，又有酒喝了。」◐聖杯。

……

「我可以撤了嗎？」●蓋杯。

「那我可以拿一個去旁邊吃嗎？」◐聖杯。

我知道吃了是自己要負責，可是吃了一口真的好幸福。

（當午餐來吃 QQ）

15

1

我拿掐掐地墊鋪在地上擲筊，一直出笑杯，大概四個吧，我就問說，「……是因為他很好笑所以一直出笑杯嗎？給我是否。」◐聖杯。

2

這個是前陣子擲筊的，他來出公差（？？？？？）就到我家。問他這樣可以了嗎一直出蓋杯。出了大概八個蓋杯。

然後我看了半天沒多少東西可以動啊，就問「是不是要改什麼擺設，移動什麼？？？」繼續蓋杯。

「……開電腦螢幕？」

◐聖杯。

幹你們是遠端連線嗎。

15

15

客製烏魚子奶油餅的店家比我想像中的難找，還有些車輪餅是直接加餡料進去沒辦法買回來組裝的。

最後找到一家願意直接幫我加進去奶油上面的，是在自己家門口擺攤的店，看著他們家對著正門的神桌，在想他們是不是也被要求過很多奇怪的供品。（不是所有人都這麼奇怪好嗎）

我走之前有跟老闆說是神明要吃的，所以我去拿的時候，車輪餅老闆：「你們是什麼神明要的？」

我：「……五府千歲。」

車輪餅老闆：「沒有啦，我只是要知道幹嘛的，之前有人家生日要擠芥末我也是配合他們，哈哈哈哈。」

我：「？？？？？」

15

1

廟公：「我第一次在這裡看到這麼荒謬的場景⋯⋯」

我只帶烏魚子奶油餅跟百龍，其他都是廟公擲筊問出來的，他們自己準備的。

然後我們也叫了一隻烤雞，幹這個烤雞好好吃⋯⋯

2

上樓前想起來哺哺不吃海鮮。

「你不吃海鮮對不對。」◐聖杯。

「那我另外準備一個奶油餅給你好不好。」◯◯笑杯。

「不要笑，我看不懂，所以你要奶油餅對不對？」◐聖杯。

「好喔，我來準備。」

15

我媽：「那酒拜完拿去哪裡？」
我：「他們會倒在外面説給眾生喝吧。」
我媽：「怎麼這麼好笑，什麼給眾生喝。」
我：「説廣告招牌燈要亮給十方眾生看的人在説什麼。」

今天起來狀態超差，其實應該是差好幾天了，但今天狀況比較明顯。
下午出門前和阿存説：「我還要活多久？？？」就雖然是很平常的問題，可是這大概是我又有點到極限了。
工作結束後就到王爺這邊。
前面大概問了一下昨天開不開心。

然後我問「我又開始想那些很糟的念頭了，是身體狀況導致的嗎？」◐聖杯。
「是不是多休息，其實我除了休息也不知道怎麼做。」◐聖杯。
「好喔，我去坐著休息。」●蓋杯。
「？」今天真的是我的蓋杯日，我擲了十多個蓋杯。途中我清空了桌子，整理了附近，還去抽了兩支籤（分別是20跟籤頭），但問到能不能去旁邊坐依然是蓋杯。

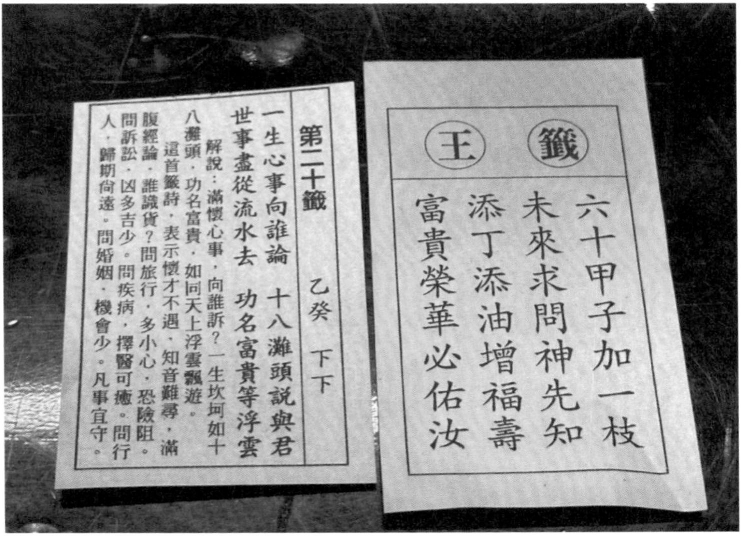

「要我休息，可是再這樣下去我真的會擲到累死。讓我去坐著嗎？」居然出現了聖杯。

「……去坐著？」聖杯。

「……去旁邊坐著？」蓋杯。

「……是位置的問題？」笑杯。

「……去正中間坐著？」聖杯。

所以我現在坐在神桌中間，感覺越來越像新手指引 NPC 了。

先抽到 20，反正就，那樣，因為我最近可能就很急。反正就放寬心慢慢去做。

然後抽到籤頭。

「？？？是這支嗎？？？？」聖杯。

「保持平穩的心態慢慢做就會順利？？？」聖杯。

18

今天真的是，也是十幾二十幾個蓋杯跟笑杯。

光是坐的位置就猜到快吐。

最後得出兩個結論

1奶油餅真的很常不在

2高粱的笑不等於是，要再問

最後我今天的位置是坐在地上，正中間，甚至把神桌移開讓我去坐。

我：「？？？？？」

廟公：「你有這麼嚴重喔……」

我：「是很嚴重但我不知道這麼嚴重。」

我本來以為只是坐在神桌前，廟公幫我問「這樣可以了嗎」

依然蓋杯。

就不停問位置，最後是把桌子移開叫我去坐在這個位置，三聖杯。

18

我發現只要問說誰在不在
給杯是一堆笑杯的時候
都是哺哺

19

我今天拜完罐頭就出門了。
我現在有個習慣，就是拜完之後去千歲那邊擲筊。其實在我家也可以擲筊，因為
我也擲過連七笑杯後來才問是不是哺哺。就聖杯。
反正我今天去千歲那邊報到，照慣例問一下虎爺罐頭吃得怎麼樣。他給蓋杯。我
問號。

然後我突然想起來拿罐頭的時候我沒看是甚麼。

「我拜到海鮮了嗎？？？」◐聖杯。

「好喔……那我回家再換XDDDDDD」◑笑杯。

「這是開心嗎？」◐聖杯。

「好喔XDDDDDDD」

然後回家來看，我真的拜錯了XDDDDDDDD

20

這放在一年前跟我說是我房間我一定跟你說放屁（？？？？？）
不屬於一年前的我的要素太多了XDDDDDDDDD

20

今天是初一
去千歲那邊
拐了一隻雞回來（？？？？？）

21

王爺對那個肉圓披薩完全沒興趣。
「要叫一個肉圓披薩嗎？？？」蓋杯。●●●連三蓋。
「蛤難道沒有神明對那個有興趣嗎，那個超有趣的。」◐聖杯。
「有吧，真的不要嗎？？？」蓋杯。瘋狂蓋杯。
一瞬間我覺得自己好像瘋狂的推銷員，王爺則是對肉圓披薩堅決地拒絕。

21

第一次去拜土地公，或者說人生三十多年從來沒注意過二月初二是土地公生日。
我今天會知道土地公生日還是同事跟我說他去拜拜，會稍微晚到。
今天晚上才有經過我家附近的土地公廟。第一次來完全不知道要帶什麼，就萊爾富買了一些熟食拿過來拜拜。拜完就開始擲筊。
「喜歡吃嗎？」●蓋杯。

「那你喜歡吃甚麼，還是飲料好嗎？」蓋杯。

「像那種手搖茶也不要？要的話給聖杯。」蓋杯。

「那你喜歡吃什麼，我下次再補。甜食嗎？布丁糖果點心？」聖杯。

「越甜越好，反正是我不能吃的那些？」聖杯。

「好喔。那我先回家了。」聖……蓋杯？？？

接下來我就問了一連串事情。也燒香了，還捐了一百元香油錢，問到回家的那一個問題就是蓋杯。我覺得不太對，就仔細看那個杯。

那個杯是特別小的那種杯，很舊了，都被磨平了。

我想了一下換了一個杯。

「我重問問題可以嗎？」聖杯。

「原本那個杯是不是太舊了很難翻。」聖杯。

「所以我剛剛那些舉動是沒必要的？？？」聖杯。

「所以甜食是認真的嗎？」聖杯。

「我不相信你的杯了。要甜食的話給我三聖杯，剛剛那是二聖杯。」聖杯。

「三聖杯。」聖杯。

「所以我帶那些鹹食你都不會吃？」聖杯。

「好喔，甜食的話只能偶爾帶來，因為拜完我都必須拿去分給別人。」聖杯。

22

「那我是不是可以準備回家了？」聖杯。

「我確認一下，回家二聖杯。」聖杯。

「回家三聖杯。」聖杯。

「七天之內我會帶甜食過來，因為我現在工作，時間不太確定。」聖杯。

結束後，因為我剛剛前面擲筊擲太多次了，可能引起附近阿伯的注意。擲筊完要走的時候，阿伯：「你這個都可以去參加比賽了……」

今天經過家三次都沒有時間回家，剛剛也是回家拿個包裹就準備出門。有經過便利商店，買了布丁，準備去拜土地公。

「土地公安安，我可以不要燒香嗎？」笑杯。

「隨便我嗎？」蓋杯。我都差點忘了笑杯其實不是隨便我的意思。

「燒一支插對外的那個爐？」聖杯。

於是就燒香。

燒完之後。

「今天我帶布丁過來，布丁喜歡嗎？」笑杯。

「？，是哪裡不行，是不要疊在一起嗎？」蓋杯。

「過香爐嗎？？」蓋杯。

22

「……笑杯是開心的意思嗎？？？」◐聖杯。

「好喔，我要回去拿一下包裹，走過去走回來應該五分鐘上下，拜這個時間你可以吃完嗎？」◐聖杯。

「好，我去了，計時開始。」◐聖杯。

回來之後我還是又等了兩三分鐘才擲筊問說我要走了。三個聖杯。

離開之後突然覺得很瘋，還計時開始。

然後昨天看我擲筊的阿伯也在，他是常駐在裡面嗎 XDDDDDDDDDD

從日本寄來的供品（……）

為什麼我覺得我的地址都在收奇怪的東西

哺哺真的超嫌棄海鮮

不是普通的嫌棄

22

哺哺牌寵物溝通

（真的很像跨海邪教）

我實在不知道怎麼說這個，總之就是醫生寄到千歲那邊，供奉王爺用的特級烏魚子。這是蕉諾米味噌烏魚子。居然在網路上還找不到網頁介紹，總之，就是，今天我拿去給醫生，要幫他拿去冷凍的時候，他說。

「蛤，還我喔，我還想說讓你拿去抽籤。」

「？？？？？」

總之，他現在在我家冷凍庫裡。

等……我……有……空……等我有空做個表格，七天內會做（升天）到時候抽中的人自出冷凍運費 -.-

荒謬，抽特級烏魚子。

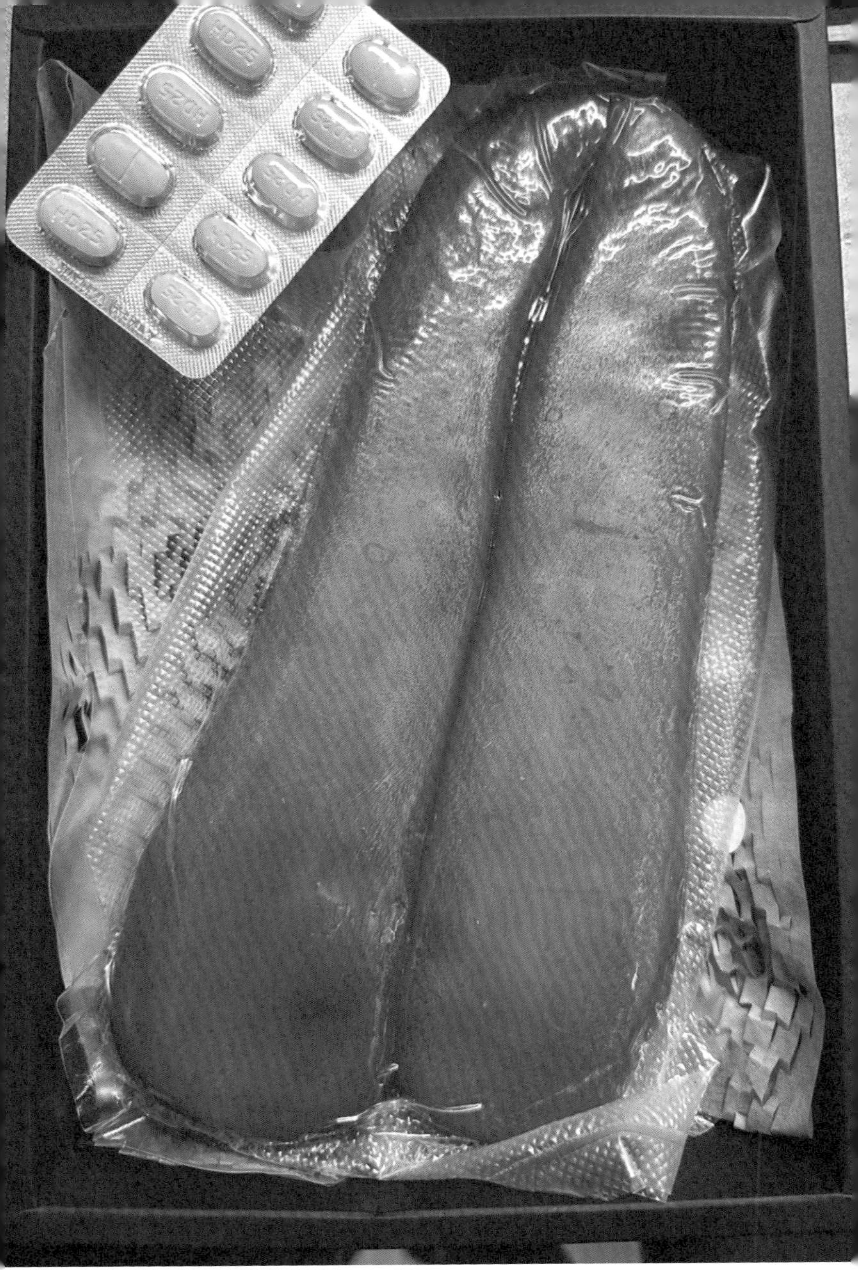
HD25

24

上週吃完甜食後大爆炸，也許是身體太糟，總之廟公就說王爺有交代他幫忙煮水。他跟我解釋完煮法後，我腦中：「這不就是一個很有儀式感的燒開水嗎？？？」反正就喝，王爺說要連喝一個禮拜，雖然還沒到一個禮拜，但我這週去看完醫生了，醫生：「王爺不只是為你下藥，也是為我下藥，他考慮到每次針完你之後我都去了半條命，這減輕了我很多負擔。」我：「？？？？？」

24

我自己不知道有什麼變化，不過我這週情緒倒是能控制得很好。

每天的水味道都不一樣，我現在有點懷念第一天，第一天的味道就是運動飲料稀釋一萬倍的味道。要不是我親眼看他這樣煮，我也會覺得：「？？？運動飲料？？？」

今天帶著我的便當過去拜王爺跟哺哺順便喝水，就跟廟公聊了很多。一直都不能走，我就滿頭問號，只要擲到要收要走就是蓋杯跟笑杯。問是不是哺哺也蓋杯。直到跟廟公聊到阿存，就聊到阿存也要喝水嗎的事情，擲筊出來就聖杯。再問一次可以收了嗎，就毫無阻礙的聖杯。廟公說問一下王爺是不是一直在等我們聊到阿存。

我問了。聖杯。

廟公的工作日從七天變成二十天 XDDDDDDDDDDDDDDDD

幹我要去買卡式爐的瓦斯罐 XDDDDDDDDDDDDDDDD

25

阿存的水。

在那邊看的時候我就看出顏色有稍微不一樣了，倒回來跟我平常喝的水一比就更明顯。

我從冷水看他煮的。

等等忙完再寫，總之，一樣是很荒謬的一天。

1

今天去王爺那邊等水，就一樣看它從白開水開始煮。

之後廟公突然打嗝，然後就開始擲筊，是一個他沒接觸過的陌生神明。後來我們一個個問，就問出來是哪裡的媽祖，容我姑隱其名。

問出來的結果是來下藥的（聽起來超像要毒害我），總之我就問王爺：「居然是每天不同的神明來下藥嗎」一聖杯。

總之就感謝來幫忙的神明，問說之後有經過再過去就好，不用專程去。問要不要帶酒，一直擲不到杯。問甜食才擲到。

我後來才知道媽祖不喝酒，可拜甜食。

後按：後來知道是不喝高粱類的烈酒。

2

回到家跟醫生講這件事情。

醫生震驚，因為他有一個病人是該縣市的人，是神明轉介給他的病人，據說是拜該縣市不知哪個神明，神明跟他們說接下來幾天會有人介紹他們醫生，到時候他們就知道了，然後過幾天，他們的朋友拿著醫生的名片跟他介紹來桃園看診……

3

然後醫生講到我身上的蘚。我的右邊肋骨上有一塊爛掉的皮膚，爛很久了，大概有十年左右，那是裡面的器官不堪負荷，已經爛出來了。最近幾個月都好了，轉移到中間，剩一點點。
醫：「讓我來治的話起碼要三年，你現在三週轉好欸。」

4

總之就是這麼荒謬。
我沒有想講什麼超常的體驗，因為我是痲瓜（？）

面對這個水，我的心態就是：
如果他是假的，我頂多喝到開水，就算多喝水也沒事。
如果他是真的，那我身體的確會好。而我身體的確也有一些好轉反應。

我現在仍然是大家要信什麼是大家的自由，不勉強大家相信這個相信那個，或者說你一定要跟我信一樣的價值觀才能繼續溝通，像是疫苗，我沒有要跟大家一起罵什麼找到一個共同敵人，我覺得就是，寫出一些體驗分享，而這個體驗都只侷限於在我身上發生。你們也可以當成我拿自己做實驗（？？？？？）

廟公拜了一盒蛋在哺哺前面，七天了，哺哺仍然不讓他收蛋，廟公怎麼擲都蓋杯。
「你是不是不讓人家收蛋啊。」◐笑杯。

26

「蛋放外面七天會壞掉啦，常溫保存沒冰箱放那麼久，

讓他收好不好。」◐聖杯。

「確定吼，三個聖杯，這是二聖杯。」◐聖杯。

「三聖杯。」◐聖杯。

跟廟公說可以收了，廟公：「你跟他說了什麼！！！」

應該不是香腳的顏色

因為香腳是這樣包住的

廟公說他就是怕色素下去所以這樣包

26

26

跟醫生的對話逐漸趨於玄幻

每天看蒸氣都以不一樣的方式噴出來的感覺也很奇妙

27

27

跟醫生說今天的水是黃色的。

醫：「這麼有趣，哪天煮出來是藍色的記得跟我說。」

我：「？？？？」

醫：「煮成青色的不容易看出來，要拿白紙當底才比較好看，甚至有些水看起來沒有不對，但你就覺得他顏色怪怪的。」

我：「？？？？」

醫：「青赤黃白黑，五行色啊，我們又多了一個方式驗證怪力亂神的事情了。」

我莫名地變成檢驗棒了。

問哺哺說這個取代蛋好不好
又不會壞，小孩想吃的時候還可以拿幾顆吃
哺哺三聖杯三笑杯。

27

有些事情打公開文就很麻煩，要解釋就解釋不完，解釋起來也很累，所以很多我都乾脆不打，像我媽，我就是懶得跟他解釋但是又跟他講了太多，但是我現在又沒有足夠力氣可以解釋給他聽，所以就乾脆不解釋了。當然在我弟的安撫下他基本上是接受了我來拜拜這件事。

這幾天下藥的神明基本上我都沒聽過，基隆慶安宮的媽祖、佳里寧安宮的不知道誰、蚵寮保安宮的大聖，我真的過去的日子裡從沒拜拜，我基本上是莫名其妙，但是也就接受。我雖然沒拜拜，但也知道人家對我好，我要感念並且給回報，給多給少不是重點，就是一個心意。所以你們會常常看到我拿供品點心去拜拜，哪怕我不能吃。雖然我沒有辦法跟大家講我實際上好了哪裡，但我知道應該是有在變好。你要是綁了十年的鐵鍊，有一天鐵鍊鬆開你雖然不知道哪裡鬆開了，但你會知道不一樣，我的感受就是這樣。至於工作上生活上，那我沒有感覺，就先不算在裡面。

最近幾天也有人擔心我喝符水或怎樣的，但我只能說，沒有這回事。但是色素我也很難去說什麼，他有可能是香腳的色素也有可能是金紙的色素，但是就，沒有

3月 11

我沒有學會從氣去分辨神明（昨天濟公跟顛顛說要讓我感受不同神明靠近的感覺），可是我學會了從擲筊回杯的龜毛程度分辨是哪個神明，例如高粱就要問得鉅細靡遺，不耐煩給重複的問題杯等。啪啪就是，一堆笑杯，但是我跟他說給是否就會給。奶油餅常常給笑就是純粹想笑我。

這有一個前情提要，就是濟公昨天畫了招財符，給我們。然後要我們燒掉之後去買樂透。然後我們四個人都買了，一個人買五百，四十組。然後都沒有中。因為昨天就看到那篇文，我得失心也沒有很重，我本來就會多少買一點。

然後就到今天。

……因為我一直聞到酒味，然後左後腰又微妙的涼起來。大概二十分鐘我就受不了了，就擲筊問。

「請問是有其他神明在嗎？」——聖杯。

「…………是昨天來的濟公嗎？」◐聖杯。

「你有事找我嗎？？？」◐聖杯。

「讓我抽籤嗎？？？」◐聖杯。

抽到這首。「佛說淘沙始見金，只緣君子苦勞心。榮華總得詩書效，妙裏工夫仔細尋。」

1

1 我是麻瓜。（你問我一萬遍我還是這個答案）

2 不用跟我說我的感受是不是虛假的，是不是虛假的我不清楚，不過我的醫生清楚。我從去到現在所有感覺到冷或者打嗝或者種種，我都沒有說是一種靈感，而是排濁氣。簡單來說，排髒東西。你可以懷疑，可以不要看，可以封鎖我，我不會在意，你不用特別跟我說，因為我跟你之間沒有工作關係，我們沒有聯絡彼此之間不會困擾，更別說本來就沒在聯絡。

如果你有在看，你會發現我從頭到尾都在說個人感受。因為這個東西也只能說個人感受，我無法跟你說我的身體有多糟，也無法跟你說很多狀況，這些狀況也無法證明甚麼，你也沒有辦法替我過我的人生，而我也無意後悔過去的一切，如果後悔就能改變現在的一切，我可以後悔十次。只是沒有辦法，我只能面對、處理。

3

我自己會判斷。如果我擲筊問出來的東西只是叫我向善或注意脾氣，情緒等，那我覺得遵守也不會怎樣。我買供品等也是，多半是我自己要吃的便當、點心，或家中多出來的酒。每次奇特的供品都是一種好玩的心態，例如烏魚子奶油餅。其實用也好，不用也無所謂。我是這麼想的，答應了就要做到，無論那個答應的對象有沒有形體。你跟自己的約定也是一種約定，約定了，就要做到，無關對象是誰。

4

我是這麼想的：神不缺你那三瓜兩棗的。所以特別要你捐獻，或者幹嘛的地方，多半不太對。如果你們能接受水陸空大法會，也能接受梁皇寶懺這類型一辦數十萬數百萬的東西，那你們沒有理由要阻止我花幾十元幾百元買「供品」，更別說這些供品我還能用到。其實基本都是能用的東西，只是中間多了一個供奉的過程。我就不說那些錢花了自己還用不到的法會等了，以免大家痛苦。

5

我是麻瓜，所以麻瓜有麻瓜的反應，你要我裝作沒有或者要我說那是假的，只是我的心魔作祟，欸，你跟我說擲筊是機率問題還比較合理。（如果你要說合理的話）

6

抽籤只是一個手段，抽到不代表甚麼，抽到上上不代表你一帆風順，抽下下也不代表你生活完蛋，說實話，我現在只把抽籤當作一個溝通的方法，因為大家也知道，我看不到也聽不到那些東西，就只能看籤詩猜大意。每個人的狀況不一樣，所以同一首詩可以有不同的解讀方法，有可能神只是要告訴你其中一句話，也有可能只是要提醒你注意甚麼，都有可能。

7

神給你方向，要不要做還是你自己的選擇。

我們都只是麻瓜，連講話都有誤會的可能，更別說擲筊，時常有事溝通不詳盡，那是很有可能的。神給你機會，也要你自己能掌握。就像我時常抽到籤，叫我耐住性子慢慢做一步一步來，也拿到聖杯。但我怎麼知道我的一步一步來是不是真的一步一步來？能做的只有把自己穩定住，並且好好過好生活。生活掌握在自己手上，自己搞砸了也只能怪罪自己。像下午說的，顛顛的師父要我們去買彩券，但還是要自己去

「……你在偷看我的手機嗎？」—笑杯連三。

「……我幫你開酒好不好。」—聖杯。

「開酒就不要來偷看我在幹嘛了喔！」—聖杯。

經過仁海宮，稍微拜拜，就說要走，媽祖不放我走，我問了一下，抽了兩支籤，大意都是我知道的事情。

忍不住問媽祖：「……你是不是只是想叫我多彎腰撿一下杯，多動一點核心肌肉，我現在腰超級痠。」—笑杯。

「……剛剛那個笑杯是不是笑的意思，他不是要我再問詳細的意思吧。」

—聖杯。

「……所以你只是要我多動動。」—聖杯。

「真是謝謝你喔！！！」我沒擲筊，啊我就怕被唸。

最後捐了兩百元香油錢印籤詩。仁海宮你們這樣不行啊，那個籤詩機上面寫隨喜捐獻印籤詩，但我實測一下，錢象徵性的放進去再抽出來一樣能印啊（我還是有投啦）！！！

真的來太多次了，我今天說：

「討論正事的時候請撤除掉笑得很開心的笑杯，給我是否就好行不行啊，給是否。」

不然光問那個杯是笑還是要我問詳盡就多一次程序，我腰真的會斷掉。

廟公：「你幫尚緯叔叔撿杯，他的腰快不行了。」

廟公的兒子：「他看起來沒有快不行啊～」

我一口氣笑出來。

有些訊息跟我說要注意有些宮廟會操控人的心神等等，依照我這跑不到半年的經驗來說，看起來被操控的人，有大多數都只是他自己本來就是那個樣子，神（或者他通到的不知道什麼東西）只是一個引子，神沒有辦法強迫改變一個人到底該怎麼生活。例如我，神可能做了些手腳，我的確有在好轉，但如果我不願意好好生活，依舊去吃喝無度，那一樣會越來越糟。神的止損線很高，他看一個人沒救了他就不會救了，畢竟人只是人，又沒跟他簽什麼契約。在我的理解裡，乩身像是神明的鋼彈，但是神明沒有使用他的時候，鋼彈要過什麼生活，是鋼彈的事情，如果鋼彈做了些什麼會危害操作的事，例如鋼彈拿自己去抵押，那之後神明就是他的連帶保證人，他也要承擔那個業。神沒有那麼大的威力可以改變命運，命運是注定會發生的，是在你可能十年前吃下第一個垃圾食物，就有了後面減肥的果報。我就，言盡於此。

5

要說的話，不是神的東西比較像是去 PUA 信徒，讓信徒相信他，進而去做一些荒謬的事情。人要分清楚，要求是可以拒絕的，你可以說 no，說好與不好的驅力都不該是恐懼（不管害怕什麼）。

有一個問題就有千千萬萬個問題，早上那篇文主要不是在說人家給我建議，事實上這部分我媽給我最多建議，我的意見在之前那一串長文就講完了。重點在後面，乩身是神明的鋼彈，但是他是有個人主見的鋼彈，如果神明沒在使用他的時候他就是自己亂走，他就很像閃電霹靂車裡面的阿斯拉，有自己的意識。只是他在閒暇時有自己的生活，而這個生活跟神明無關，但是神明要負連帶責任，因為他打著神明的名號去做那些事情，可能現在看不到問題，可是未來都要還的。

神存不存在我現在基本上還是抱持著疑惑困惑但大致上覺得一定有什麼東西在的看法，因為有些東西光體感就不一樣。但他們無法左右人去做甚麼行為，因為

要是可以，這些神就不會連自己的乩身要做甚麼都沒辦法阻止。像邪教也是，最近這幾天大家傳的很熱門的韓國邪教，我還沒看，因為我沒有一個夠長的時間去看，不過他的手段應該（我打應該，是我猜測的）主要是強調團體感，也就是強調信眾們的互助友愛，以及單體對象的崇拜，神或者是說那個人是現人神，以及利用恐懼去煽動信徒，要信徒捐獻（任何形式上的捐獻）不然會掉地獄，死後會受審判等等。

這些也許會有人說他為什麼得不到報應。我能理解，因為我也是覺得果報這種東西太虛無縹緲了，我是人，不是神，我等不到未來果報應驗的那一刻。我們只能盡量保持自己清醒，去判斷這個人是不是想要控制你。任何事情都可能是邪教的延伸，諸如父母，情人，這種無盡的控制延伸下去，就是邪教。

我沒有要追求什麼靈通（？）

我當我的卡比獸就好（？？？？？）

6

昨天買了有利脆皮豬，拿去先拜哺哺跟千歲們。

拜到一半肚子好餓，擲筊問我能不能先偷吃一口。蓋杯。

「你們是不是還在喝QQ」聖杯。

「好吧，我再忍耐一下QQ」

過五分鐘，我突然想到哺哺前面也有放脆皮豬。

「哺哺、哺哺，我可以偷吃一口脆皮豬嗎。」蓋杯。

「拜託啦，我好餓QQ」笑杯。

「求你QQ，這笑杯是可以的笑嗎，給我先吃一塊就好了。」聖杯。

「耶～～」

就這樣成功凹到一塊脆皮豬吃。

7

在噗浪應該沒關係，不像臉書那麼多人關注，總之就是，有各種因素有神拜託我傳籤詩，傳訊息，總之我最近寫的一些莫名其妙跟乩身有關係的是應拜託而寫。

廟公：「他們家的家務事讓他們自己處理啊，他不會教訓對方嗎，我做錯事的時候都會被南鯤鯓萬善爺打，就打下去啊！！」

「他沒那麼敏感嗎？打了沒感覺？」蓋杯。

8

「那有什麼問題，你就打他啊。」◐笑杯。

「笑杯什麼意思，你不是那麼粗暴的神嗎？」◐聖杯。

……XDDDDDDDDDD

不用再跟我說了，我知道，我也跟王爺他們達成ok的循環，我拿飲料來拜千歲，盤子杯子帶回家。沒料到的是他們不喝午後的紅茶（撇頭）。

「我要跟你們展示一下，看看這個盤盤跟杯杯，很可愛對吧！」◐笑杯。

……這個水……

倒出來為什麼會變這個顏色…………

第二杯就正常多了……

為何？？？？？

今天的醫療團（？？？）不知道是哪裡的神，今天的杯一直朝奇怪的方向滾過去，

給杯也一直很微妙。

過一陣子後我發現擲筊終於恢復正常（就再也不會滾到世界遠也不會出現奇怪的杯）。

「所以他剛剛給杯是翻得很吃力的意思嗎……？」◐聖杯。

「……所以我剛剛猜的有一半以上都是錯的嗎？」◐聖杯。

好我懂了。

8

因為那個杯實在翻得太奇怪了，中間我就試著穿插別的問題，例如「哺哺、哺哺，你可愛嗎？」◐聖杯，**毫不猶豫的聖杯，完全沒有滾到世界遠的地方。**

「王爺、王爺，你喜歡喝酒嗎？」◐聖杯。

也沒有滾到世界遠的地方，所以我才問他是不是翻得很吃力XDDDDDDDDDD

9

剛剛跟經銷商約之前去了一趟costco。因為我現在睡前會喝拜完的酒（以一天2cc的速度）於是我去買了各種酒出來，來拜一下千歲，順便跟他說可能這次拜完後會很久沒辦法拜（因為工作等種種因素）。

怎麼擲都是笑杯。

「你們是不是笑到沒辦法翻正常的杯了……」◐聖杯。

「要先開哪一支？」結果梅酒跟高粱先不要開。

「呵，男人，想嚐嚐新的酒吼？」笑杯。

擲了數個笑杯之後，我問「是很開心的笑你們沒心情理我講什麼嗎？」聖杯。

10

我媽昨天晚上就跟我說今天是觀音聖誕，要我去拜拜，剛剛工作中間有個空檔，就去竹林寺拜拜，就抽籤。

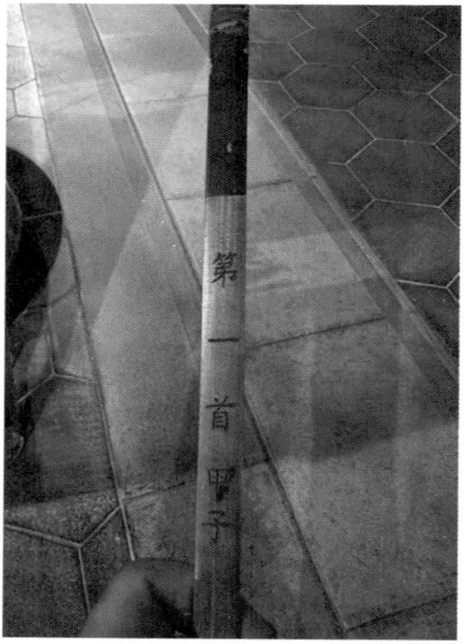

15

1

茶自點可以吃，至少血糖跌超快的，側面證明他的食材相對乾淨。三點多吃，七點十分，血糖77。

2

前幾週我問千歲：「我很努力了嗚嗚嗚嗚我最近應該值得誇獎吧。」怎麼擲都是笑杯跟蓋杯，就是不想誇獎我。

29

今天去完代天府跟保安宮後，在計程車上一直打嗝，因為打嗝的頻率太誇張了，計程車司機說：「我有個朋友去完廟也會打嗝，他是那種老實巴交的人，他有次打嗝打著打著關聖帝君就上身了，你不會要起乩了吧……」

我：「不是，那個……」

30

今日台南。

我問張府聖君：「你是高粱嗎？？？」我把他跟張府千歲搞混了。◐聖杯。

我就拜了一圈回來。

「我發現你不是高粱啊，你是不是誤會了？」●蓋杯。

「高粱是張府千歲，我再問一次你是高粱嗎？」○笑杯。

「我是不是認錯人？」◐聖杯。

「你是不是以為我問你你喜不喜歡喝高粱？」◐聖杯。

「抱歉，我什麼都沒有帶我只是個死觀光客，我捐點香油錢你有空的時候指揮廟方去買好嗎？」○笑杯。

「這個笑杯是笑的意思嗎？」◐聖杯。

「那就這樣囉！」◐聖杯。

17

仁海宮。

丟什麼都聖杯跟笑杯，笑杯也是隨便的意思。

「……你是不是跑去吃義美小泡芙了。」◐聖杯。

「……好，您慢慢吃。」●蓋杯。

「你不吃了？」●蓋杯。

「？？？是平常很少人拜甜點所以你會趕快吃的意思嗎？？？」

◐聖杯。

「……好，你開心就好。」

17

這個架子越來越像貓零食暫放區了

21

怪力亂神系列

21

阿存剛剛問我：「你知道掐掐剛剛在幹嘛嗎？」

我：「幹嘛？」

存：「他剛剛把一個筊推下去，然後另外一個在邊緣，他看著那個在邊緣的杯稍微想了一下，把它撈回來一點。」

我：「……？」

22

各地廟宇不同，但仁海宮附近一定有一個輻射範圍是媽祖感應得到的範圍。

上次那個在他對街隔空拜拜的他有感應到就算了，我今天看完醫生要到仁海宮，還沒到仁海宮，還在幾百公尺外就瘋狂打嗝，我心中想「等、等一下，我在路上」就停了。到了之後擲筊，「剛剛是你叫我嗎。」笑杯。「你是在笑嗎，所以是你

30

剛剛問哺哺在不在。聖杯。

「我把你的東西撤下來了好不好？」蓋杯。

「你還沒吃完嗎？？？」蓋杯。

「你只是想放在上面看著很開心。」笑杯。

「這個笑杯是開心笑的意思嗎？」聖杯。

「……我幫你換新的東西上去啊，把新的放上去，舊的撤下來。」蓋杯。

「你是要我新的跟舊的一起放嗎？」聖杯。

「那太重了，上面那個沒辦法承重會垮掉……」

「那不然我先去移看看，我移好之後你再看可不可以？」聖杯。

#雲端養貓日記

剛剛回家路上跟阿存在討論要貼什麼車貼，我就說到上次哺哺在王爺那邊攔截我並跟我說要貼他在油箱蓋上面的事。

阿存：「很可愛啊。」

我：「我本來預計要貼p助的……」

存：「那你為什麼不貼車門？」

我：「蛤，我想要兔兔跟p助。」

存：「不然我們回家問哺哺。」

我：「好……」

回到家之後。確認哺哺在之後我就開始問。

「你想貼在車門上嗎？」●蓋杯。

「那引擎蓋上面呢？」●蓋杯。

「你是不是油箱蓋就好了。」◐聖杯。

我快速收杯，不要節外生枝，多問多錯。

然後我就跟阿存說他只要油箱蓋就好，不然他自己問。

阿存一個人在前面擲筊，然後說：「居然真的都不要車門跟引擎蓋只要油箱蓋。」

「對吧，哺哺走一個低調的可愛路線。」

阿存不講話繼續擲筊。

存：「好了。可以。」

我：「嗯？？？？？」

存：「他說，有油箱蓋很好，貼車門會更好。」

我：「？？？？？」
存：「我跟他說貼車門超可愛的欸，他不覺得很可愛嗎，不貼嗎？」
我：「你這是勸誘！！！！！」
然後我問了，居然真的……變成車門也要了……

5 月

1

進仁海宮就看到一堆祝壽花籃。
「蛤，你生日喔，我沒準備特別的點心欸。」
蓋杯。
「不是你生日嗎？」聖杯。
「是媽祖的統一生日嗎？」笑杯。
「蛤，什麼意思，是笑嗎？」蓋杯。
「是媽祖的統一生日然後不是今天的意思嗎？」聖杯。

我離開前查了一下，原來是還沒過。我剛剛看成 2022 的生日，你們也太早就送花籃了吧。

2

帶了草莓口味的餅乾跟義美巧克力夾心餅乾。

依照筊杯的指示去把每一個餅乾都開一個小縫之後，杯超級混亂，也不是笑杯隨便，就是，我根本不知道他是什麼意思。

「先等一下，先停一下，認真回我，你是不是根本沒在聽我說話。」聖杯。

「……所以我到底是坐正前方的跪墊還是旁邊，聖杯坐跪墊，笑杯蓋杯坐旁邊。」

◐聖杯。

「確定吼，二聖杯。」◐聖杯。

「三聖杯。三聖杯。三聖杯。給個聖杯。你是不是隨便我了。好你去認真的吃吧。」

◯◯◯◯◯◯六笑杯。

3

我離開仁海宮之後，整個人脫力欸幹。

回家路上一直覺得意識要消失了。

醫生說是從肝臟清除我身上該清的東西，用掉了心臟的力量。

我要去昏迷了。

2

到底把神明當什麼（？？？？？）

2

今天去王爺那邊。

真的忍不住問了哺哺。

「所以你那天是真的心情不好還是只是想騙我換新的飲料上去。騙我給聖杯，真的心情差給蓋杯。」聖杯。

「……來你聽我說，以後想要飲料就直接給蓋杯就好，不要說心情不好好不好？」聖杯。

「那約好嘍，聽懂就給一個笑杯。」笑杯。

3

我去幫醫生拿水，廟公說桌上大罐的是我的水。

我：「蛤，我怎麼又有水？」

廟公：「我不知道，你去問慈護宮媽祖。」

（到慈護宮後）

我：「水是你去給的嗎？你是不是從仁海宮媽祖那邊知道我有好吃的草莓餅乾，然後我還沒拜，在我去大廟之前先攔截，今天我要去拿水就會知道要來了。」

所有問題，都是聖杯。◐◐◐◐◐◐◐◐一共八個聖杯。

「……你看起來很忙，我先去旁邊坐，你慢慢吃。」◯笑杯。

「是笑而已嗎。」●蓋杯。

「……又要我去坐中間嗎？」◐聖杯。

「不要，你今天給我留一點力氣工作吧！！！」◯笑杯。

「是隨便我的意思嗎。」◐聖杯。

史上最催促。

沒有之一。

我從出門後沒多久就聞到酒香跟花香輪流衝上來，直到我到了千歲這邊。我鼻子是通了，但並不想被拿來當成召喚鈴欸。

4

昨天答應大廟的媽祖我今天會帶草莓法蘭酥加布丁過去，可是因為昨天我說白天我會來王爺這邊，我就想說今天應該會很晚才過去。

結果我的機車騎出地下道就聞到花香味，四處看了一下沒有什麼花在，我又持續騎了一段，花香味越來越濃，所以我決定去買個布丁。

買完布丁之後花香味沒了，然後換酒味了。

我當下心裡真的是，大寫的等於等於。

我就去買人家託我買的酒，然後我東看西看，看到百龍，開始打嗝，然後我就作死，在心裡想：「幹，難不成你想喝嗎，讓我多打一點嗝啊，我怎麼確定是不是。」真的是不作死就不會死，我瘋狂打嗝，打嗝到老闆問我還好嗎。

到王爺這邊之後我就擲筊。

「你們可以叫帝君過來了……」●蓋杯。

「？，可是他……」

「……他是不是已經在這邊 stand by 了。」◐聖杯。

「呵，男人。」我沒擲筊。

「所以你們可以叫大廟有興趣吃這些零食的眾神過來嗎？」蓋杯。

「……他們是不是也在這邊。」聖杯。

「路上的花香跟酒香是不是他跟帝君到我身邊弄的……」蓋杯。

「……我應該這樣問，花香跟酒香是不是因為他們在催促。」三聖杯。

「呵，這些男人跟女人。」我還是沒擲筊。

個聖杯。

3.5

我原本不知道他們會怎麼提醒，後來發現我只要歪掉就會打嗝。

只要歪掉就會提醒。

我有點累，原來我一天中無意識地塌掉這麼多次。

4

因為我今天下午兩點半才吃第一餐，所以沒吃東西的狀況下我比較能分清楚打嗝究竟是排濁氣還是他們在按鈴叫我。

要走之前就一直打嗝。

「你們叫我嗎？」◐聖杯。

「有事嗎？」◐聖杯。

「跟我有關嗎？」◐聖杯。

「……今天該交代的都交代過了……是叫我等等吃吃到飽記得不要吃過量？」

◐聖杯。

「還有其他事嗎？」◐聖杯。

「……注意脊椎不要歪掉，然後塌掉的地方要挺起來？」◐聖杯。

「……好喔。」

5

朋友是工程師。叫他過去只是陪我等一下而已，結果廟公突然拿出手環問：「他們要不要請結緣品？」

友：「創業的人甚麼都信。」於是就擲筊，聖杯。

問他的夥伴時他說不用手環。

要走的時候就想說要拿手環，我們先出去了，剩他一個在裡面跋桮，後來他擲好出來，上車後他說：「有你的。」把手環拿給對方。

對方一臉問號。

友：「只跋我的跋不到杯，連續跋了五六次都沒有，就問我們兩個是不是都要才聖杯。這應該不是機率的問題吧，不可思議。」

5.5

後來我們去吃火鍋，路上安全帶警示一直叫，可是我們只有四個人，第五個位置是空的但是車子一直叫。

友：「幹，是有甚麼跟我們去吃火鍋嗎。」

我：「搞不好是你太重，坐到中間的感應器，車子以為第五個人才叫。」

友：「靠北喔。」

8

友知道後的反應：「對吧，我就說不是我太重的原因！！！！！」

⋯⋯

媽祖你真的，這麼吃可以嗎

沒有身體就可以這樣吃嗎！！！

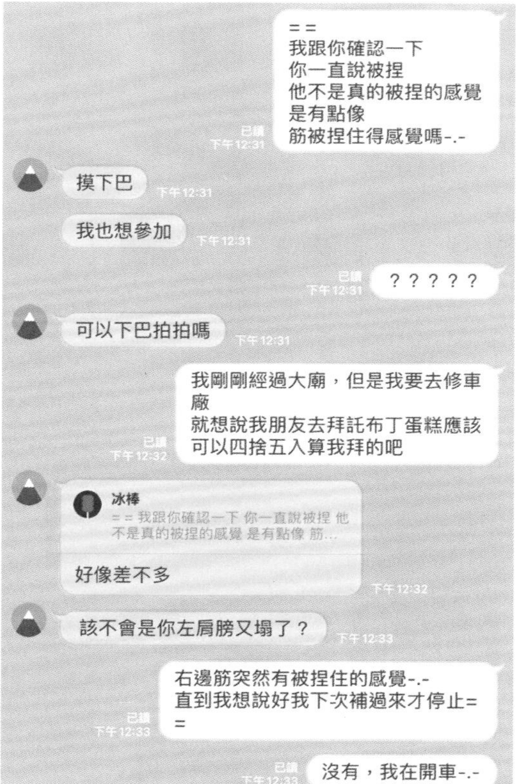

= =
我跟你確認一下
你一直說被捏
他不是真的被捏的感覺
是有點像
筋被捏住得感覺嗎-.-
已讀
下午12:31
摸下巴
下午12:31
我也想參加
下午12:31
已讀
下午12:31
？？？？？
可以下巴拍拍嗎
下午12:31
我剛剛經過大廟，但是我要去修車
廠
就想說我朋友去拜託布丁蛋糕應該
可以四捨五入算我拜的吧
已讀
下午12:32
冰棒
= = 我跟你確認一下 你一直說被捏 他
不是真的被捏的感覺 是有點像 筋...
好像差不多
下午12:32
該不會是你左肩膀又塌了？
下午12:33
右邊筋突然有被捏住的感覺-.-
直到我想說好我下次補過來才停止=
=
已讀
下午12:33
已讀
下午12:33
沒有，我在開車-.-

8

不要拿我的嗝當作點餐鈴！！！！

剛剛廟公說草莓水果布丁蛋糕，然後我就去看，原本要拿圓的，但是我只有在看到長條的蛋糕時會打嗝。所以我就先把圓的放回去，看向前面數種蛋糕，然後輪流拿起來，只有長的會不停打嗝。

然後我要走了。不知道為什麼，平常我不會去看蛋糕櫃的（因為也不能吃），但今天我被蛋糕車擋住，我視線就卡在眼前的草莓慕斯，然後，一直打嗝。

8

你各位最近要拜土地公可以考慮銅鑼燒（救命真的越來越像邪教了）

9

……晚安。

9

終於把這個挖出來
雖然問過王爺這個能不能當隨身的筊用
可是我從來沒用過

前幾天說我真的不知道哪個嗝是按鈴叫我
醫：「你買的那個隨身杯呢？？？」
我：「……」

剛剛測試了一下，嗯，可以用。
問了一堆奇怪的問題來校準杯的正確性（王爺表示問號

你各位，南鯤鯓點餐攻略。
然後奶油餅我之前不知道是不是忘記說，他是安西府的，我之前誤會了。所以去南鯤鯓找李大王八成問不到奶油餅，因為他不喜歡。

醫療進度＋
其實我本來以為這一塊不會好的，從十八到二十歲的時候我的右邊肋骨就有一塊

10

很大的癬，今年年初卻發現他只剩下一點點在橫隔膜那個位置。

圖只有放部分位置，因為原本的位置太大片了我害羞（？？？？？）。

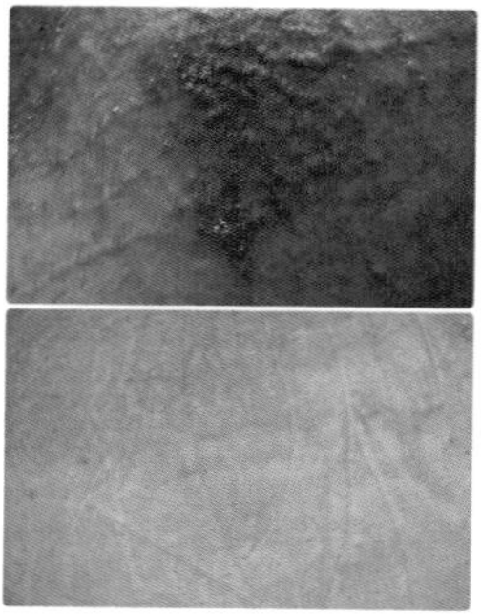

今日的怪力亂神時間

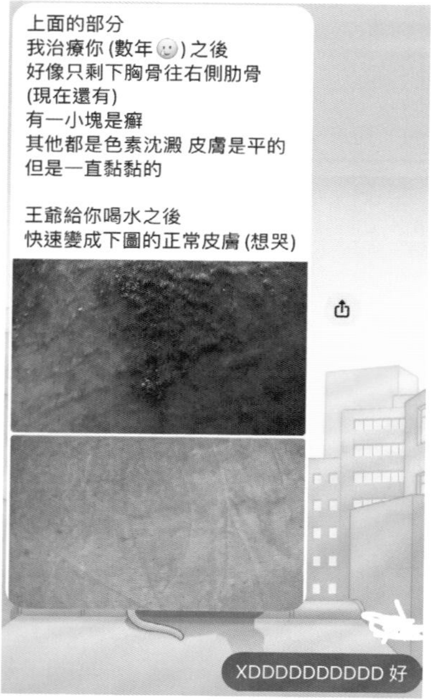

10

剛剛根本是被困在王爺這邊，想走走不了，又不給抽籤，絕望地一直擲筊。

「不是，我又聽不到，你又不讓我走，說跟我有關但是我真的想不出什麼事情啊。」我只差沒把生活周遭碰到的路人拿出來問，不是笑杯就是蓋杯，笑杯又不是笑。

然後我就問到：「……難道是叫我少用網頁版擲筊嗎？？？？？」聖杯，幹終於聖杯，我忍不住髒話又出來了，因為我剛剛還問是要我髒話再少一點嗎，也蓋杯。

「是有隨身杯就用隨身杯的意思嗎？」聖杯。

「為什麼，網頁很費力嗎。」蓋杯。

「不用不好意思，就跟媽祖回我說立杯超耗費力氣所以我也跟他說那算了我沒有要看一樣。所以網頁比較難應杯。」以一個非常奇怪的滾動軌跡變成聖杯。

「好喔。我知道了。」

難怪不給抽籤，這種事換作是我也不知道用哪條籤詩去說。

10

我真的受不了這種狀況，沒人跟我說過身體健康變乾淨有這種副作用 -.-

剛剛我先拿去一個離我家比較遠但之前有交情的土地公廟拜，然後我就在車上一直打嗝，我搖了幾下小杯，大意是我先去那邊，我家附近的土地公在催促我快回家，但我要吃飯，心裡就想等我吃飯回去再拜，然後就不打嗝了 -.-

然後剛剛只要經過我工作路線的土地公廟就打嗝，我就想，不管了，我等等都拿去我家附近的土地公廟拜，我要舉辦第一屆土地公銅鑼燒生死鬥大賽。

15

我：「你先問一下只放牛心丁好不好。」

阿存：「聖杯。」

我：「我放了一個陷阱，這兩包零食，一包是小魚乾。ㄏㄏ。」

阿存：「你有夠無聊！！！！」

……

雖然解決一件事但真的太沮喪了

就用隨身杯問王爺

連六次笑杯，我：？？？？？

「是哺哺嗎？」聖杯。

「你要安慰我嗎？」聖杯。

「好謝謝，可是我有事要找爺爺你讓他回一下好不好？」笑杯。

「他在忙嗎？」聖杯。

「好喔，你陪我聊一下好不好，其實跟你聊也一樣，我只是很累。活著有意思嗎？」然後兩次都是這樣的杯。我以為他貼著邊，可是仔細看才發現沒有。

「……這是什麼意思？給我看立杯叫我對生活樂觀一點？？？」聖杯。

「謝、謝謝喔……」

MENU
DVR

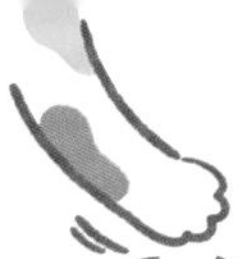

27

1 買了酒心巧克力、粉紅氣泡酒過來給仁海宮戰隊享用。

2 那個媽祖臉上有餅乾屑舔手指的圖是確定可以做，只是要找繪師而已，詳細擲筊影片我放留言。其實我來的時候已經問過了，是我問媽祖能夠錄影再擲筊一次嗎，他同意我才錄影。

27

因為我給醫生看了我剛剛都在問媽祖什麼怪問題，剛剛醫生說：「你怎麼會問女人，不管他是神還是人，怎麼會問他要不要可愛，女人要的是『美』，那個美可能在他們心中有不同標準，是不同模樣，可是他們要的是美，可愛只是附加的，是美，你問媽祖我說的對不對。」

用噗浪擲筊，◐聖杯。

27

我真的笑出來，因為工作關係，我本來是要問說能不能那個要做衣服的人自己去媽祖廟問，然後問的結果又出現立杯。

（說好的千分之一機率呢）

27

睡前最後一個動態。朋友說他的朋友說我這樣線上擲筊，怕連到的如果是什麼小鬼假裝神明回我杯會不會被控制，然後他說：「他我不會擔心，以他的個性，他一定會拿網路擲筊的結果去廟裡確認。」

我笑爆，跟他說：「你可以跟他說他真的會再確定一次而且還錄影XDDDDDDDDD」

連王爺我也是不管用了隨身筊杯還是網路擲筊我也還是會每次回去都確認，然後最近他們就是笑，我問說：「是因為我明知道是你們還要問嗎？」◐聖杯。我會回說：「我又看不到，你們考慮一下看不到的人啊，因為我看不到所以只能這樣跟你們確認啊。」

不過他們很懶得回同樣的問題三個聖杯（我觀察下來通常不耐煩的男神居多，呵，男人們，有點耐心好不好）。但如果是不同的問題，就會一直給聖杯。

譬如我說：

「這個是你們給杯的嗎？」聖杯。

「確定一下，給三聖，這是二聖。」笑杯。

「你們是懶得同一個問題給三次嗎？」聖杯。

「不是啊，那我也還是要問啊，我看不到，如果認錯怎麼辦我叫人爺爺你們不覺得氣嗎？」聖杯。

「你們既然會氣那是不是給我聖杯比較快。」聖杯。

「上面這些我就當你們給我三聖了這樣可以嗎。」聖杯。

「只要不要同一個問題問三次你們就願意給嘛。」聖杯。

「你們好懶。」笑杯。

有時候也覺得他們可能很無奈，碰上我這樣不停跟他們確認的人，他們最近想讓我恭敬一點，結果我昨天說「你們也知道我心中對恭敬的對象就是，遠遠的恭敬，最好都不要見面，對我來說親近一點我比較沒有距離感，因為我從小到大遇到的長輩都很……敗類。所以我先暫時維持這樣好嗎。」聖杯。

然後今天要走之前我刻意鞠了個躬，問說「今天這樣有比較恭敬一點吧？」笑杯。

「只是笑而已嗎？」聖杯。

「好，拜拜。」

27

少女總有一天被我煩死

能確認的是，連續丟像是這樣給比較困難，如果不是在廟裡這樣給好像比一次一次給還困難。所以昨天那個三個連續丟的聖杯真的是，非常同意。

友：「你這樣會遭天譴吧。」

友二：「你好像拿到無線電玩具的小孩……」

友三：「你這樣是玩弄少女嗎？」

我：「？？？」

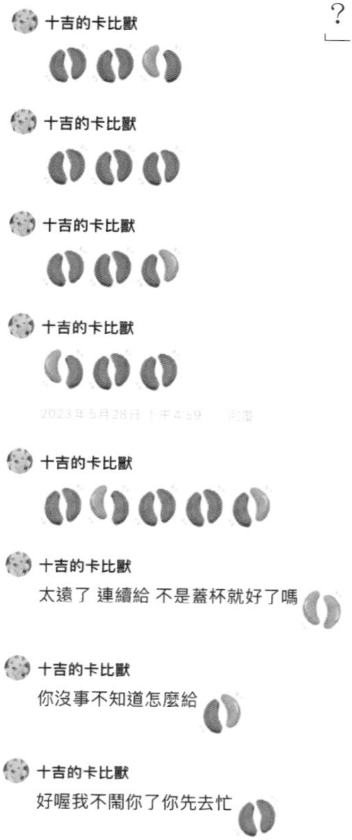

28

釐清了幾件事情。

1雖然知道不是所有媽都喜歡當少女，可是草莓不一定是少女喜歡吃而已，有些人口味就是喜歡草莓，但不想當少女（難怪我說少女系甜食他都是無奈給杯）。

2負責溝通圖樣的是二媽，他是想當少女的那個人，平常給杯的是大媽，是想當姊姊的人。跟他研究好久終於討論出這個結果，最後他叫草莓姐姐。

（友：我真的很好奇你到底都抱著什麼心情在擲筊，他們是抱著什麼心情在給杯……）

29

因為我真的很不熟媽祖相關知識，剛剛擲筊問的結果是祂要小麥色皮膚，或者是黝黑皮膚（？？？？？）

查了一下，真的有黑面媽，我真的需要問一下能用人話溝通的大家（？？？？？），是每個二媽都是黑面的嗎？？？

29

下午經歷了一場擲筊浩劫，說是浩劫的原因是因為我從來沒有這樣猜不到他要說甚麼然後永遠都沒有三聖杯。最後是我不行了回家來，車子的尾門還壞掉去修我才仔細思考我全部的對話，最後對話終於有點共識。

1銀灰色頭髮

2盤起來

3健康顏色的皮膚（？？？？）

然後是衣物的部份這個我會整理給陳德暉跟繪師大大然後我們再研究，終究是誤信了，說好的是林花大大他就不用對稿呢！！！！

根本就是為了讓我們快挑他出現的立杯！！！！

但今天又出現立杯惹（說好的不好出現呢）

29

今天早上朋友問我：「那你有沒有想過三媽要叫甚麼？」
我：「我甚至都不敢問，我怕我在大殿上想到臭臭鍋或臭媽媽之類的綽號……」

稍微解釋一下今天的行程，今天就是要出門之前我突然很想帶我桌上的兩個日本來的糖果，是山梨來的桃子口味的糖果，然後本來就放著，然後吃飯前我很無聊就拿著無線電（？？？）問東問西，然後就交代我說那個桃子糖果帶過去。我就說好。想說下午就過去，也可以順便去問對話是不是他們給的杯。

帶過去之後就想說他們該吃的吃該喝的喝，我來問少女姊姊（這樣叫好奇怪但是他們說要稱呼完整）關於他想被畫成怎樣的問題。途中有一段時間一陣亂流，怎麼擲都答非所問，後來就乾脆笑杯或蓋杯，我就很茫然，問說：「還是少女二媽嗎？？？」蓋杯。

我就問說「那是誰？？？草莓姊姊嗎？？？」蓋杯。
「慈護宮的媽祖嗎？？？」蓋杯。
「仁海宮的神嗎？」聖杯。

31

「仁海宮的月老嗎？？？（因為阿存拿飲料去拜）」蓋杯。

「……仁海宮不是草莓姊姊也不是少女，是三媽嗎……」聖杯。

「我確定一下，你是三媽給三聖杯。」聖杯。

「二聖杯。」聖杯。

「三聖杯。」聖杯。

「……你也想被畫在上面嗎？」蓋杯。

「你們統一畫一個就好了嘛。」聖杯。

就在那個摸門特，我想到了早上的對話：「你，不會是，想過來跟我說，你與其被我叫臭臭鍋，不如先過來跟我說你喜歡吃甚麼吧？？？」聖杯。

「早上那個桃子糖果是你喜歡的？？？」聖杯。

「那你叫桃子姊姊好嗎……」聖杯。

「那杯可以還給二媽來給杯嗎？？？」聖杯。

然後接下來的討論給杯才正常。

我不太相信人類說的話，因為我從小到大聽慣了號稱自己是通靈王的人類說通靈內容，但實際上仔細拆解那些過程大多都是各有各的想法，人類又多會自己曲解、詮釋、誤讀各種資訊，所以人類說的話在我這邊我都先打六折。

所以包括來月經能不能進廟這件事情，我就是，有事就問。反正他們若是不能回答那就不會回我，我如果看到很多答非所問那我就知道了。也許是因為我沒接觸過甚麼嚴格的宗教禮儀規範，所以我都覺得沒甚麼不能問的，所以大家才覺得蛤怎麼這麼好笑我每次都問一些不知道要神明回甚麼的問題。我真的要重講一次，我真的是抱著一個聊天的心態在擲筊，如果不能說或者他們嫌我煩，他們會用各種方法告訴我。

所以那些建議我拿甚麼去拜的人，抱歉啦，我多半還是會自己去問他們要甚麼。那些寫訊息來問我自己有甚麼毛病的人（我斟酌很久用詞，他們的文意真的就是，不知道自己是不是有問題），你可以自己去問，基本上寫信給我的五個裡面有四個我會建議他們先去看醫生，再去看心理醫師，最後再去求神問卜。因為你們的訊息內容講的過程，就，很不一般。

友：「蛤，人類的話打六折也太多了吧，假如我要給你五千你打六折不就變三千了嗎？」

我：「我會在五千的基礎上加上打六折的扣打來期望，譬如說你說要給五千我期待你給我八千。」

友：「理解鬼才。」

我：「你才是理解鬼才。」

31

我：「說好給我的八千甚麼時候給？」
友：「我們甚麼時候說好了！！！！！」

說實在的，我覺得神明的耐受度比一些自己生氣的狂信徒要高多了。
我還會叫王爺他們酒中餓鬼，他們也是跟我笑笑而已。

我剛剛突然很想問。
「開蓋的酒跟沒開蓋的酒喝起來真的有差嗎？？？」蓋杯。
「？？？那開蓋的感覺比較香？？？」蓋杯。
「？？？開蓋喝會喝比較順利？？？」蓋杯。
「那為什麼每次都叫我開蓋，難道只是想看我開蓋的動作很好玩？？？」聖杯。
我真的深深吸了一口氣。

31

今天早上，用隨身杯幫醫生問馬祖境天后宮媽祖要買的供品，看到一個貼著杯壁的立杯，但是他看不出來有沒有貼，於是我問說請問是非常確定的意思嗎。再搖，「……我充分感覺到你很想吃紅葉蛋糕的想法了。」居然是尖角部分立起來，而且我已經歪成這樣了還是沒倒。

「我只是問是不是非常確定而已，你真的不要用另一邊立起來告訴我你非常肯定的心情……你是炫技嗎？？？」◐聖杯。

「你們可以不要用這種事情炫技嗎……？？？」◑笑杯。

原本廟公只是說全聯小蛋糕，跟醫生說，他就說紅葉是不是有開，我就呃應該有我去看看，然後掛斷之後我就一直打嗝 -.-

我問說你是跟我說一定要去紅葉嗎？？？

我：「我不知道要買什麼啊。」

醫生：「你到時候就會知道的放心。」

幹我進紅葉蛋糕真的很像怪人，一邊打嗝一邊指著蛋糕，依照打嗝數決定品項，尤其是莓果生乳捲，指著他就一直打嗝，我還真的一看就知道了

11 16
月

心好痛，剛剛盡快走了。幾乎是連續打嗝的時候我就去拿筊然後問說金莎你吃完了嗎我可以收了嗎然後聖杯我東西拿了就走。還是遠遠聽到旁邊的聚眾酒桌裡比較年輕的人問：「他為什麼每次都過來一下，然後待著到一直打嗝就去跋桮，然後一個聖杯就走？？？」

另一個阿伯：「我等一下跟你說啦……」

等等，你想說什麼？？？？？？？？？

今天是被眾神輪流拍拍說不要焦躁的一天。

這兩天被提醒不要焦躁的次數已經比過去三個月的次數加起來還要多。

發起神明改改壞習慣運動（？）

多次確認，這居然是我家隔壁的土地公…………
問號，七點，七點讓我起床打嗝
我彷彿聽到了土地公喊著部隊起床的口令
問號，剛剛在那邊幫土地公取了綽號之後
又問了半天：「所以我有接觸過的男性神明都統稱爺爺？帝君或
濟公或我不知道哪裡的什麼都統稱爺爺？？？」◐◐◐三聖杯。
「……哇，你們是組團認孫嗎？？？」◑笑杯。
「這是單純的笑而已嗎？？？」◐聖杯。

請叫我猜心意小天才
我前後被阻擋睡覺共三次，想了超久。
到底誰猜得中我就問你

可惡，換句話說沒騙到

媽祖：還想騙我啊嫩（設計對白）

4

早上一直打嗝問就是我家隔壁的土地公叫我帶著供品過去，問了之後就阿存要喝的飲料就可以拿去拜。我們中午就買好過去。

突然下起大雨我就先回車上等，阿存問我：「你不用在那邊等嗎？？？」

我：「等下他吃好會告訴我。」

存：「？？？？？」

過了一下子我開始打嗝，我就撐傘下車去問。

「你吃完了嗎？」◑笑杯。

「這是開心的意思嗎？」◐蓋杯。

「是沒吃完？」◐聖杯。

「那我還不能走？」蓋杯。
「我可以走了？」聖杯。
「你還沒吃完，我可以走了，是你吃夠了，雖然還沒吃完但是我可以走了的意思？」聖杯。「好XDDDDDDDD」

5

差點立杯 -.-

5

寫一些最近整理出來的感想繼續工作。

1

你問一件事情三聖杯，他可能會沒耐心給你三聖杯，但是如果你換著方法用不同問題問他同樣的內容，他會給你五個聖杯。

2 他們不知道噗浪是甚麼，只知道他們給杯的是一個網站，是網路。

3 如果不在廟裡，他們讀不到你的圖像，你把圖上傳上網站也一樣。所以要問跟圖有關的事情拿去廟裡問。

4 好熱。

感謝腿腿寄人參酒過來給我，從它寄到的那天起，王爺就一直催促我拿過去，可是我一直在忙，不然就是廟公他們不在，一直錯過，直到今天，在吃飯間突然打嗝，問是姊姊們要我把東西帶著去慈護宮去拜。我就說好，等等我們吃完飯就過去。然後吃完飯我又打嗝，問說是不是姊姊在催，不是，問說是不是人參酒，對，我說我再跟廟公約，就蓋杯。我：「……你們想拿去慈護宮一起喝嗎？？？」聖杯。問對方是爺爺嗎，聖杯。然後問對方是不是王爺，笑杯，我猜了好幾個都是笑杯，問說你是神明嗎，聖杯，是我認識的神明嗎，聖杯。猜了好久，問到帝君，我終於看到聖杯了，我說因為我沒辦法確定，你們要給三聖杯喔，前後問了五次確認是帝君，我說，你是要帶頭帶著王府的爺爺一群去慈護宮喝酒嗎？聖杯。我腦中浮現了帝君旅遊團的景象。

我：「你什麼時候也變我的爺爺太好笑了吧 XDDDDD」◐聖杯。

7

1

爐昨天就到了，我沒看到手機不知道，姊姊們從今天早上就在催，催到我看了網拍頁面說他們還在路上，我今天要忙，等爐來了再處理。

剛剛回家才發現昨天就到了。

「所以你們早上就知道爐到了？？？？？」◐聖杯。

2

從仁海宮帶回來的爐灰裝到那個爐裡面，不多不少，剛剛好剩下可以燒香的空間。

「……你們是不是早就挑好了爐子。」○○○三笑杯。

「我在那邊開網頁你們才挑的？」●蓋杯。

「早就挑好的==」◐聖杯。

……好啦，滿足姊姊們的世俗願望。

簡單寫一下我為甚麼去請了爐丹回來，爐丹就是爐灰的另一種說法。我仔細看了一下對話紀錄，應該是好幾天前我跟廟公在講爐灰的時候，我突然腦中在想，可以去仁海宮抓一點爐灰回家放。然後就，我問了，因為這件事太荒謬我平常不太會想這些事情，因為我雖然很喜歡鬧，但是比較麻煩的事情我不太想做。

我就問說，「剛剛是草莓姊姊影響我嗎？」◐聖杯。

「三聖杯確認一下。一聖杯。」◐聖杯。

「二聖杯。」◐聖杯。

「三聖杯。」◐聖杯。

然後我就，滿頭問號地問廟公說，香灰可以幹嘛？？？

廟公：「要正式的爐，要安好，神明廳，算是迎請神明回來。」

我：「抱歉打擾了（抱拳）。」

然後就，陷入了，兩三天，時刻被按鈴的狀況。

我用盡各種推託的方式，包括空間、養貓、爐的大小，也說我會常去仁海宮，說我沒辦法每天供水，沒辦法每天燒香，他們都好好好好好，但是我一說結論，說所以我先去廟就好了，就蓋杯。說不請爐灰回來，就蓋杯。

最後我說我去仁海宮擲筊，現場問好了好不好，才給聖杯暫時放過我。

然後隔天的晚上，我真的受不了了，因為我好說歹說，他們都好好好，但只要說所以我以後再決定，就蓋杯。然後我就說，我不知道你們怎麼想的，我去仁海宮線上抽籤嗎，給聖杯。我就去抽。抽到第二十六籤「選出牡丹第一枝，勸君折取莫遲疑。世間若問相知處，萬事逢春正及時。」我彷彿看到了業務員在推銷時說的話，就是，過了這個村沒有這個店啦。我跟吳珊珊說了這件事，她說這根本就是「滿 1888 打 88 折免運 24 小時到府 12 期無息，好神，不迎嗎。」

但我還是很頭痛，因為我不喜歡有各種限制，然後我就問了各式各樣的規矩，都是對，然後我就說，我沒辦法按時做，因為我可能會有各種原因沒辦法做，我供水也沒辦法每天供，問了一大堆可能有的規矩，結論都是，都可以省都可以討論，只要我把爐灰先請回來。途中王爺也想我請爐灰，我還推給王爺，就說王爺他們先討論，結果晚上就有結果。結果是王爺先讓給姊姊他們。只剩下我一個一臉問號。我就又問了一支籤，我說我真的不知道他們要我請香灰回來幹嘛，這次的籤是第三十籤，「漸漸看此月中和，過後須防未得高，改變顏色前途去，凡事必定見重勞。」我問，是你們給我一個月的考慮時間嗎？結論是。我說，我還是去仁海宮實際問過之後再決定，聖杯。

然後去仁海宮，就是各種聖杯。只要問到跟爐灰有關的事就是各種花式聖杯。但是講到爐灰暫緩還是毫不留情地蓋杯。結果就是，各種規矩被我簡化到不能再簡，我為了婉拒這個灰，甚至連「因為會放在我的書房，書房兼我的臥房，我可能會在裡面進行一些不可以描述的污穢事情也沒關係嗎」都問出來了（我弟表示：你問媽祖娘娘這玩意？？？？？）既然都這樣了，那我就請啊。同時還提了很多規定，最好笑的就是，其實他們來我也不知道，但我就是抱持著一個彼此信任的態度說「請姊姊們十點以後不要來我房間，因為我有個人隱私，我還要過活啊！！！！！」就是這個問題差點技術性立杯。

不過想想，他們也不用來就讓我打嗝打半天了，來不來是有差逆。

你們能想到的甚麼平安符香火符我都問過了，他們就是要一個爐然後供他們的爐灰。

比較好笑的是在仁海宮時，我問說，好那我要去請爐灰了喔。我要去跟廟裡的人講了，要去請爐灰了。蓋杯。我問號，然後又問了幾次，依然蓋杯。

我就說還是要顧慮一下人類世界的規矩，不能你們說可以我就去裝，這樣不好，我還是去問一下，才聖杯。

然後我去問，廟方人員一臉蛤看我，說都是想裝的人自己帶紅包袋自己去裝就好了，不用問。

乾原來是不用問，難怪一直蓋杯。

8

我覺得還是要說一下，我的臉書從以前到現在都一樣，「分享我生活中的有趣及重要的事情」，只是分享的東西有在隨著時間變化，從以前的詩、漫畫到後來的中醫，跟現在偶爾（呃應該還算偶爾）的跑廟，我只會寫我自己有體驗到、感受到的事物，不會推薦我不知道不了解不信任的人跟我說的東西，所以，你如果要私訊我跟我分享你的體驗或感受沒關係，但是不用叫我去嘗試／了解／體會甚麼東西，如果我覺得有趣我自己會去踩看看。然後我也沒有問事，更不代問，廟在那裡，筊在桌上，有些大廟也有固定降駕的活動，可以自行去詢問。

我就是一個，懶壓過了好奇心的人，所以起駕這種事情我只專門去看過一次，後面幾次都是……隨機的？？？？（對我來說是隨機，對他們來說我不知道）

人的好奇心真的不要太重，我雖然會好奇但我也是真的覺得人不必要看到那麼多東西。雖然會好奇，但是人真的也不用聽到那麼多別人的心聲，就這一點來說其實我覺得神滿可憐的，根本是被迫接收一些垃圾，尤其自己是垃圾製造源頭的時候。我覺得我的精神垃圾已經相對算少的了，不懂那些每天都充滿垃圾甚至溢出來的人經過廟前面神會是怎麼樣的扭曲表情（不過他們可能也不在意啦）

因為我就不是專業的，不會也不想拿甚麼我會打嗝就說我能感應到甚麼去幫人解決甚麼，過去的經歷讓我了解，有時候你想幫忙做些甚麼，那個行為明明是好的，可是卻讓這件事朝著最糟的方向走去。任何事情都相信專業，然後保持疑慮，就算他是專業也要懂得懷疑他。不是他說甚麼就是甚麼，要學會判斷甚麼事是可以做的甚麼事是不能做的。我就，不會，所以不處理。以上～兼答我私訊裡面怪怪的陌生訊息們。

因為一些工作上的事情，我就想說要買點蛋糕回家拜香灰前面，結果問好幾次都是蓋杯，我就問號，就說我以為前天晚上說的供品是指蛋糕，然後就笑杯。我問跟蛋糕沒關係嗎？就蓋杯。我就從蛋糕想，就想到飲料，就問他們是不是要飲料，配蛋糕的……要紅茶嗎？聖杯。然後就問小芋圓紅茶跟紫米紅茶無糖半糖全糖一直蓋杯，我後來終於想到了，不會是我弟上次送給阿存的紅茶吧？聖杯。我說前天說的我看過沒買過又不是我的東西的那個是指紅茶嗎？聖杯。帶……茶葉

過去嗎……？我是不會在慈護宮幫你們泡茶的喔。聖杯。然後我腦中突然閃過早上看到的訊息，問，「不會那個炫耀的聚會是指這個吧……」笑杯。「我是說，你們一直叫我去慈護宮的原因是女子會嗎？？？」聖杯。回來後我又問了一次。

9

等針灸真的很閒，開始問起他們要怎麼喝茶（因為他們叫我帶茶葉去就好），可惡，都猜不到

9

昨天晚上，我突然有工作所以密醫生說今天可不可以不要針灸，然後醫生說他努力看看，說他十二點半要去王爺那邊，我就傳訊息給廟公，廟公說他要去忙，但他拉鐵門就好（對我莫名有了鐵門鑰匙而且還不回去，只要我要還就會有各種事情，後來我決定不挑戰自己的極限），然後我就跟醫生說好，喬好工作，趕在中午過去。過去的時候我想說先去吃個午餐，再回到王爺那邊的時候看到廟公已經在裡面了，我一臉問號，他一臉虛弱的樣子說：「大家都很累。」（因為我也一臉要往生的樣子）我就說對啊，然後醫生訊息說他再七分鐘左右到。

醫生到了之後，不知道為什麼就講到他練功的事情，我就講到我最近不知道幹嘛，早上起來練習拉筋。醫生就教我怎麼拉筋，然後教完之後說：「我這一個月的心得就這樣在短短的時間內濃縮給你了。」

說完之後沉默一下，問：「我是不是今天就是為了教他正確的姿勢才被叫過來？」◐聖杯。

醫生：「他們真的很愛你。」轉頭對神像：「你們想要我教他的話直接說啊，你就讓他們兩個跋桮跋到問出來啊？？？？？」

我不知道怎樣就說：「可能他們覺得過程很重要吧很好笑所以他們想看這個過程。」

10

「綵衣娛親的過程嗎？？？？？」

然後跋栝還真的聖杯。

不是，這個姿勢真的有夠痛，醫生說的甚麼脊椎對地我根本沒聽懂，我只要知道哪個姿勢最痛，那就代表我點做對了，就是這個姿勢。問號。

宋尚緯
2分鐘・

沒想到一年後真的變成神棍（以我自己的標準來說）

宋尚緯
2022年6月10日・

雖然每次講到身體轉變都很像神棍，但我開始健康飲食與認真吃藥後最滿意的一件事情是我比較有體力開車到較遠的地方了。無論是和阿存開回台中，還是上週開車到新竹又開回桃園。我以前都不太敢開長途，因為我只要開車時間一長，從骨盆那邊縮住，我整隻腳就會抽筋，那個抽筋很難解決，無論是以前學過的伸直或者扳腳的大拇指都沒有用，只能找到縮住的筋一點一點揉開它，而一旦縮住，不管是揉它還是泡熱水都成效甚微。但最近我能到台中再回來或者是到新竹再回來都沒事，我很滿意。

沒想到一年後真的變成神棍（以我自己的標準來說）

10

我問什麼都是笑杯，他們吃好久……女子會真的主題是話不是食物吧。然後我看旁邊的人都擲筊正常，就問說，為什麼他們的杯都正常，不是姊姊回的嗎？聖杯。

想好久，才想到，「是不是你們的小員工回的？？？」◐聖杯。

「姊姊你們這樣算偷懶嗎？？？」◎笑杯。

13

1

今天真的很累。我原本以為是這幾天工作的關係，但今天下午後腦勺就隱隱作痛，就很好奇，剛剛晚上回家路上（19:00）跟阿存講到香，阿存說昨天的香怎麼燒超久的，我就說我買了之後才看他能燒多久，我昨天燒完後才發現那支一燒要四個小時，因為點香會排髒東西，可能四小時對我來說真的太多了，我點到後面身體也開始有點不舒服。然後我連續打了好幾個嗝。我一臉問號在心中說我回家再問，然後回家一問：「剛剛那個嗝是說四小時太長了，我承受不了，所以今天很累的那個說法你們同意的意思？？？」聖杯。然後我馬上昏睡到現在（23:00）才醒。

2

反正就整理一下東西，然後剛剛一直打嗝。問了半天是帝君爺，我就問他幹嘛，

13

上次提到的我朋友要寄的酒嗎？聖杯。我說他還在路上，還沒寄來，他寄來我就會送過去了。三個聖杯。（中間還被教育說問題要一個一個問，不然會蓋杯--）然後我就把這個結果丟給說要寄酒的那個朋友。他說好喔他會先寄給我，他剛從機場回到家。我：「我以為你還在日本？？？他太急了吧！！！」好ㄛ我知道為什麼他會突然催我了。謝謝通知。我現在根本人型鬧鈴，親朋好友答應要帶甚麼東西回來給他們，我就能知道他們行蹤。

我到底都讓姊姊們（aka 媽祖們）看了些什麼東西 XDDDDDDDDDDDD
我們醫生不打擾了 XDDDDDDDDDD

13

我一直不懂為什麼看人家供水要每天換，而我的不換也沒關係，感覺姊姊們就興致缺缺這樣，每次說要不要換水都一副隨便啦的感覺。

我剛剛終於問到了。

他們想叫我換供杯。我原本用的供杯是宜得利或IKEA那個裝蛋的東西。哩績咧騙祝！說好的用那個當供杯就可以呢！結果是他們早就挑好了杯子，只等我察覺到不對去問他們而已！

（圖裡的水杯是裝蛋用的杯子）

13

喔説到仁海宮戰隊，今天路上就，反正我突然就擲筊問説是誰這樣，然後一直翻笑杯出來，我就問説是哺哺嗎？聖杯。然後我就想説等下再去王爺那邊問。

到王爺那邊我就問哺哺説「剛剛在車上那個是你嗎？」笑杯。

「所以是吼，我確定一下。」蓋杯。

「所以是不知道甚麼偽裝你？？？？？」笑杯。

「你知道是什麼？」聖杯。

「是不好的東西嗎？」蓋杯。

「……」我想超久的。

「是別的地方的虎爺嗎？」聖杯。

「……他們怎麼能叫哺哺，那是給你的綽號欸。」笑杯。

「你同意他們叫哺哺？？？」聖杯。

「所以所有虎爺來我這邊統一都叫哺哺？？？」聖杯。

「這樣我分不清楚誰是誰啊！都叫哺哺我不知道是甚麼哺哺！」聖杯。

「沒關係嗎？」◐聖杯。
「這樣哺哺就會變哺哺軍團欸，我不知道是哪裡的虎爺，你跟他們說可以都叫哺哺，但是以後我幫他們冠廟名好不好？？？」◐聖杯。
「好喔……」感覺是一群貓看到我就撲上來的畫面。
哺哺軍團成立。問號。

14

1

因為很多原因，反正我最近就要拿著工作的東西輪流去拜拜，今天已經拿著三太子想要的東西們去吃，拿完後看了一下，不得不說，真的，是小孩子會喜歡的點心們。MM巧克力、棒棒糖、健達出奇蛋等等。

2

跟阿存到了costco，跟姊姊說我要逛賣場，有看到什麼想吃的就讓我知道好嗎。
然後我連打了幾個嗝。我：「？？？」問了一下，他的意思是他準備好了，我們可以一起去逛了。（問號，你的工作呢？？？）

3

他拿了巧克力、椰奶酥卷、義美小泡芙等，經過幾款餅乾本來都沒有事，我們就說好要走了。然後阿存：「這款餅乾真的很好吃，誠心推薦！」然後我突然打嗝。
「……」一問三個聖杯。

「不要再多推薦了，你的口味跟他們很相近，多推我就要多買。快走，離開這一區。」

4

經過蜂蜜蛋糕也瘋狂打嗝，溝通好久，最後結果是那個蜂蜜蛋糕不夠新鮮（有效期限到 21 號），下次再去義美買。

結果回家路上經過提拉米蘇，根本瘋狂打嗝，就好像提醒我什麼重要的東西過了。我滿頭問號，停好車後問，結果是慈護宮的姊姊要這個蛋糕，我跟他講好會買，然後剛好我每次都不知道怎麼叫慈護宮的媽祖，就順便幫他取了蛋糕姊姊的綽號。

我已經快幫附近的姊姊們取完綽號了。

5

沿路經過一個積木寶可夢的玩具，我指著他一臉高興。阿存說不可以，我就放回去。

結帳前我突然打嗝，就問，問都不對，問了一輪，結果最後問：「……三太子？」聖杯。

就問結果是他要那個積木。

我說：「……那你知道的，那個工作……」

聖杯。然後我們就約好，如果工作結果好的話，我就會去買那個玩具給他。

15

1 我終於明白為什麼一定要今天到慈護宮，還只能到慈護宮，原來今天各地的媽祖廟的管委會（？？？）都到慈護宮開會。問號，真的是台灣各地欸。

2 原來慈護宮的姊姊是姊姊中的姊姊（在附近的區域，但我不知道他們的附近多附近），難怪我下意識都很拘謹。我下意識也知道不要惹他不開心（抖）。

3 他們叫我燒金紙一直不圓滿，我查了一下，是要從大燒到小，所以我燒金紙的順序一直是反的。姊姊還兼教師教我怎麼燒，要燒對才可以⋯

他本來不滿意這則貼文，就問他哪裡不滿意，結果是全部。

然後我就拜託啦拜託啦求你啦我下次帶你喜歡吃的東西給你啦讓我發啦。

成功拿到三聖杯（？？？

16

真的，我自己看也這麼覺得，只看八個月前就好了，還不用到一年前

16

我就問一下為什麼點香之後胸口一直悶痛，王爺就跟我說不用擔心，也不全是點香的鍋，主要是我剛剛拉完筋，不知道甚麼地方有拉開，他們幫我一把，然後我就開始排雜氣。

我已經連續打嗝快十分鐘了救命。

18

看了別人怎麼擲筊的，終於對大家說「我很會問問題」有清楚的概念了，如果平均值是那樣的話，那我真的很會問（？？？？）

18

有人的 PS5 打暗黑四打到一半時會電源全斷嗎，我已經在打王的時候死機兩次了。時機剛好到我懷疑是王爺不想看我打電動而斷我的電的，我差點崩潰。

19

週六拿到一瓶酒說要給帝君

然後我就輪流被關切叮嚀說千萬不能忘記那瓶酒

（我到底在他們眼中是多健忘的人類）

今天早上更突然跟我說要拿去大廟

我懷疑現在只要有大型聚會都會使喚我到比較大的廟宇

＝＝

20

總之先說結論，就是我昨天不是說我拿 PS5 打 D4 斷電嗎，可是我問王爺他們都說不是他們做的，我也就好吧，然後有人在下面說你有沒有問過媽祖，我心頭咯噔一下就去問，然後是三個聖杯。他們是為了提醒我吃藥所以用過激的方式提醒我。我心中是全形七十二級字的等於等於。然後我花了一點時間跟他們說下次有事提醒我你就讓我打嗝打到瘋掉我就知道了，不要這樣破壞我的財產，電器產品經不住這樣操弄。他們說好。

但我今天還是去電玩店問了一下這個狀況，他們表示從沒遇過相關的問題，但可能是散熱不佳，我也覺得有可能，於是我買了拆機的螺絲跟空氣罐想說之後來清。然後我今天吃完藥再打開遊戲，我玩了兩個小時，也打了好幾個王。

從頭到尾都沒有斷電。

然後今天打到一半的時候突然瘋狂打嗝，就問是幹嘛，姊姊：該睡覺囉 ^^（設計對白與想像表情）

20

我現在空氣罐跟清潔工具都買了，結果不是他們的事，我想說算了就讓他送來吧我之後再清灰塵，清乾淨一點也好

我的內心：「＝＝」

跟阿存講到一沐日很多人排隊，我就說那間就是有賣草仔粿的那間，然後我就打了五六個嗝，但因為我要開車了，就想說等等再問，然後我把車停好就問。

「剛剛是菩薩嗎剛剛是菩薩嗎剛剛是菩薩嗎？？？」◐聖杯。因為我不在廟裡，所以我就這樣想，但我也不知道這樣有沒有比較聯繫得上還是單純讓他們覺得比較吵而已。

「你想跟我說什麼嗎？」◐聖杯。

「……我直接問好了，你是想喝草仔粿嗎……？」◐聖杯。

「……我確定一下，你真的要喝那聽起來超詭異的飲料嗎？」◐聖杯。

「半糖好嗎？」◐聖杯。

然後過一下子我開到某個地方，又接著打嗝。但我以為排雜氣就沒有要問的意

思，然後就……一直打嗝，以每兩分鐘一次的頻率打著，我知道應該是有人在叫了。

「姊姊我是排雜氣？」不死心還是要問一下是不是別的問題。蓋杯。

「……那是你嗎？」聖杯。

「你也想喝看看那個很詭異的草仔粿嗎？」聖杯。

「我拿去跟菩薩一起拜好嗎？」蓋杯。

「還是要拿去慈護宮？」聖杯。

「好……一杯你們分著喝可以嗎？」聖杯。

「微糖嗎？」笑杯。

「無糖？」笑杯。

「半糖？」聖杯。

「無糖？」笑杯。

「無糖？」蓋杯。

「半糖？」聖杯。我感受到他們想喝半糖的心思了。

此時阿存問我在問什麼，我就說跟他們討論甜度。阿存就說「無糖啦，料很甜，媽祖考慮一下！」

20

我再去問，無糖就變成聖杯。姊姊決定喝看看無糖的草仔粿了。連菩薩的都一起換成無糖的了。

人真的不能亂看，我現在了解為什麼以前的苦行都要把眼睛矇住。去買三太子要的積木，多看了一眼多了一組這個玩意，真的是不買就一直哭鬧（打嗝）。

1 居然給我碰到黃金點餐空檔三秒，我卡進去之後後面排一堆人。

2 菩薩點評：還不錯、不難喝

打臉來得如此之快。

我剛剛出竹林寺就一直嗝，一開始還抱著只是菩薩跟我說掰掰或者只是排濁氣的心態去問，結果認識的都問了一輪，才想說不會吧又是三太子，答案是對。

我以為是他要新玩具或糖果餅乾，結果是：

1昨天我去拜他根本只是看看難怪這麼快就好了。

2他要我組給他看。

3不能給別人裝。

4還不能分次組，最少一次要裝一個。

5唯一慶幸的是我不用在廟裡裝，要組裝之前叫他來看就好了。

我現在是葛優一臉生無可戀。

我真的覺得人跟神之間的審美有微妙的不同

但太子開心就好……

23

今天回家跟阿存說的第一句話：「你幫我問一下三太子，他們兩個要對戰是需要我打給他看還是你擺給他看就可以了。」

存：「？？？？？」

（說完就衝去洗澡）

25

昨天從仁海宮回來一路睡睡到只吃了兩包藥就繼續睡睡得昏天暗地不知世事，今天早上上廁所的時候打嗝打到懷疑人生。問要幹麻，昨天沒點的香沒吃完的藥一大早要補回來。問號，我們就讓沒做完的事默默過去不好嗎？

26

今天跟阿存去 costco 時，也是姊姊陪逛（祂根本逛上癮了），買了一瓶法國粉紅氣泡酒，本來祂要我下午如果有出門就帶去慈護宮祂們一起喝，但我有工作就跟祂商量一下，最後就說在我家的香爐前面供就好，祂們有空就過來喝，我就順便把人家寄來說要給祂們的點心放上去，跟祂講那是人家供的點心可以配著一起用，然後我就出門工作了。剛剛才想起來東西還放在爐前面，問說可不可以收了，以及還要不要去慈護宮拜。結論是，居然不用去了（三聖杯確定）所以我家的爐丹前面一直可以拜就是祂們需要聚會空間而已！！！

（圖是今天下午我一直重新確定能不能在爐前面拜，問到祂煩了XDDDDDDDDDDDDDDD）

30

阿存在幾天前就組好了小火龍跟剩下的妙蛙種子，我看著成品，感覺興致缺缺，三太子也沒反應，他感覺也興致缺缺。我後來就問他。

「今天不用抓那兩隻對戰嗎？」蓋杯。

「你感覺沒什麼興趣？」聖杯。

「看阿存組就很開心了嗎？」聖杯。

「你老實說，是不是因為他們太醜了所以你沒興趣。」笑杯。

「是笑嗎？」蓋杯。

「有一點點太醜所以沒興趣。」聖杯。

「也是啦，比起他們還是皮卡丘跟傑尼龜可愛吼。」聖杯。

「你這小壞壞。神也是會看臉的嘛！」我沒擲筊。

30：「你為什麼會相信網路擲筊有用？」

我：「他們說可以用的我哪知道有沒有用。」

「？？？」

我：「真要說的話應該是我打嗝時如果打得很誇張明顯是有人叫的那種嗝法，我不管怎麼問最後的結果一定都會是有人叫快問是誰。」

：「？？？」

我：「就我原本是問說有沒有人找，但通常都是聖杯，然後有一天我就想說蛤如果他第一個都是聖杯怎麼辦，於是我問是不是排濁氣，然後就蓋杯。然後我還交叉詰問，最後結果一定都導向是有人找。」

：「他們果然是神。」

我：「？」

：「換作是我早巴下去了。」

1 7 月

這個就連三太子也沒辦法幫他們比較不好看的事實辯護

3

今天早上沒吃什麼，就沒什麼打嗝排雜氣。途經林口，被叫去找菩薩，我忘了車上還有泡芙，反正就問菩薩要什麼，要供品，可是我不用再特別去買，我就以為是要買花。然後開到一半我突然想起來我還有泡芙&我上次答應菩薩要帶泡芙給他。

我在腦中想說要用噗浪問一下，還在打字我就打了一個嗝。

「……所以是泡芙嗎？」聖杯。

「剛剛那個嗝是跟我說對你終於想起來了嗎？？？」嗝+聖杯。

「不要把我的嗝當回報用的按鈕！！！」笑杯。

==

跋栝跋到一半，突然就不在了，問什麼都是蓋杯或笑杯。

「……換值班的人回了嗎？」聖杯。

「……他去吃泡芙了嗎？？？」聖杯。

「辛苦辛苦……」笑杯。

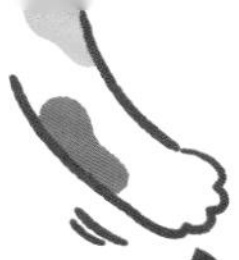

3

我身體真的受不了神明的關愛，去一趟竹林寺下午就不太對勁了，回來右腳爆幹抽筋，真的太痛了，幹不管怎麼拉筋大拇指都會不由自主往上抽。問醫生，醫生表示：每次你去當神明的 Uber 後，神明都會幫你排一些寒氣，可是你肉體跟不上那個寒氣的排出量啊，一般人不會有這個狀況，你看你有多少積滿的東西要排。我，痛哭。

3

後續。

嗚嗚嗚。已經按了。

4

關於噗浪跋桮的問題，我還是額外寫個聲明，去廟裡得到神明的同意再用，我自己是得到他們同意後每次回去還會跋桮問說那個是不是跟他們的對話，我每次都沒有感覺到是誰（感覺沒那麼靈敏），所以我也不知道是誰回答的。就是這樣。

5

我應該在過去的貼文裡都有寫過，但是我不信任很多人的閱讀方式（因為各種原因，最近一直被人帶高雄武廟帝君的話給我，然後我就要線上問，再然後就是我積累了許多對話沒有問。因為上次我說我能不能去桃園的關帝廟問一下，祢再託祂給杯這樣，今天路過桃園的武廟就進去問了，我到了才發現，它門口的香爐就寫著武廟兩個字（我一直以為高雄的才叫武廟……），我就一臉蛤地燒完香。就開始問。

「帝君爺，我不知道高雄武廟的帝君有沒有跟你說我要來問，他有託你幫我確認嗎。」◐聖杯。

「好……首先是這個對話……然後是這個對話……再來是這個對話……然後是這兩支籤……」一路丟了十多個聖杯出來。

「帝君爺，高雄武廟的帝君感覺話很多……」◯笑杯。

最後要走的時候捐了兩百元的香油錢進去功德箱：「抱歉打擾你這麼久，因為你離我最近我才跑過來這邊確認，我捐了兩百香油錢，你想買什麼可以跟廟方講（？？？？？）」◯笑杯。

「是笑嗎？」●蓋杯。

「……不用捐香油錢？」◐聖杯。

「我已經捐了欸，反正廟方會處理，這樣好嗎。」○笑杯。

「是笑嗎？」●蓋杯。

「？？？，是說下次可以不用捐嗎？」◐聖杯。

（此則貼文用六花亭的酒糖跟帝君換能發的權力=3=）

6

1

早上有事到觀音一趟，下交流道看到路牌寫著「白沙屯」，我心中：「白沙屯在這附近嗎？？？？？」

瘋狂打嗝。

「等等我查一下……抱歉，告辭，白沙屯的姐姐，你在苗栗欸，人類是有肉體的沒辦法咻地就過去。」○笑杯。

「你是要去慈護宮嗎？」◐聖杯。

「那等我，我忙完會帶酒糖過去。」◐聖杯。

2

在觀音的銀行瘋狂打嗝。

默默拿出手機。

「你們是在催嗎？三個聖杯。」◐◐◐三聖杯。

「今天最快也要中午了，我還沒吃早餐，然後現在還卡在觀音，人類的肉身沒辦法這樣咻來咻去。」蓋杯。蓋杯。蓋杯。問什麼都蓋杯。

「？？？」

「……你們叫我先忙完再過去不用趕嗎？」◐聖杯。

8

3

剛剛到慈護宮了，問早上的事情都是聖杯。

昨天針灸的時候左手很痛。其實已經痛半年左右了，這半年來我左手幾乎都沒辦法抓後背，或者是抬太高。然後就問醫生，醫生就說：「這是深層的憤怒跟悲傷。」

我：「？？？？？」想的是幹我生氣跟難過還會讓左手痛到不行。

然後今天我拿巧克力去仁海宮，坐著等他們吃好的時候左手就隱隱地在抽痛，我就問，得到的結果是值班的回我的。他說姊姊還在吃，等姊姊回來再問。

我就坐著等，等到一半突然打嗝，我知道他八成吃完回來了，就問他是不是回來了，然後我可以問了嗎。都聖杯後我才開始問。

「我的左手在隱隱作痛，是你們幫我推進進度嗎？」◐聖杯。

「那我現在先閉眼把那個痛的感覺推出去嗎？」◐聖杯。

然後稍微好一點之後我才繼續問。

「接下來我要比較認真的問，給三聖杯可以嗎？」◐聖杯。

「醫生說是長期下來壓在心裡深層的憤怒跟悲傷，這些情緒還會影響到我身體痛不痛喔。」◐◐◐三個聖杯。

「好喔，所以我現在就是要學習如何平靜下來，然後逐漸處理身體的狀況嗎？」

◐◐◐三個聖杯。

「那我可以走了嗎？」◯笑杯。

「再等一下？」◐聖杯。

「那好的時候你再叫我。」◐聖杯。

然後又過了十分鐘我不停打嗝，再問就可以走了。

剛剛在路上的時候我發現左手往後背雖然還是會痛，但至少可以摸到後背了。

途中還問了很多幹話。

例：

「為什麼我每次進仁海宮跟慈護宮就想上大號，你們是寶雅嗎？？？」◯笑杯。

「你讓我身體動起來我身體自己會想排泄嗎＝＝」◐聖杯。

8

「下次可不可以不要這樣，外面廁所很髒欸。」蓋杯。

「每天那麼多供品你們都會吃嗎？」蓋杯。

「只吃自己想吃的？？？」聖杯。

「好、好喔……看你們現在點餐點了甚麼，要買到你們喜歡吃的拿來拜，真的很不容易。」聖杯。

幹我剛剛發現我的左手可以摸到我右肩後面了

（這意思是之前痛的時候摸不到）

廟公說昨天帝君找我。

我：「？？？？？」就去問。

「帝君爺你找我嗎？？？」聖杯。

「有事嗎？」蓋杯。

「只是想問一下我這幾天好不好？？？」蓋杯。

「？？？」不管怎麼問都蓋杯。

「沒有重要的事吧？」聖杯。

「好喔。」我就不繼續跋桮了。

結果一直打嗝，打到我問號。

「……所以到底有沒有事？」◐笑杯。

「現在還是帝君嗎？」◐蓋杯。

「誰？」因為我在廟裡，就照著順序問，是張府。

「要講什麼事嗎？」◐聖杯。

「剛剛帝君的事嗎？」◐聖杯。

「……他不好意思直接跟我說對啦我找你就是有事就是我想喝酒了這樣，所以先客套一下跟我說沒什麼事，結果我以為是沒事，然後他又說是了，結果我沒問下去？」◐聖杯。

「……我們繞開這種人際關係好不好？？？人類的人情世故已經夠累了，有事就直接說，如果我有時間我就會去處理，所以他還是要高粱嗎？」◐聖杯。

「好喔，我有空的時候會準備好，拿去大廟，到時候再叫他去。」◐聖杯。

「謝謝爺爺轉達。」我就收桮。

結果還是一直嗝。

10

1

「還有事？？？」聖杯。

「延續剛剛的話題嗎？」聖杯。

「到時候過去也要記得叫你們？？？」聖杯。

「……好喔，沒事了吧。」聖杯。

在醫院內不停打嗝，我以為是醫院太髒就沒有管打嗝的事，結果出來後還是一直打嗝，問到最後是姊姊他們，就問到底要幹嘛。

「是供品的事嗎？」聖杯。

「……我不知道你們想吃什麼，這幾天我如果看到的話讓我知道。」蓋杯。

「……？」再問了一次，還是蓋杯。

「我車上有？」蓋杯。

「我知道那個東西。」聖杯。

「……昨天看到的訊息？」聖杯。

「捲心酥？」蓋杯。

「……和菓子？」聖杯。

昨天廟公突然傳了卡娜赫拉的捲心酥跟一間歲時亭的和菓子給我看，說是馬祖天后宮的媽祖要的。我就打給廟公，跟他說了這件事。他說昨天拜過啦，我說「仁海宮要的……」

他：「……那你加油，我昨天真的沒邀他們來吃。」

我：「……」

我查了一下在哪，歲時亭，在新竹。

我在心中：「抱歉打擾了，擅自回應姐姐是我不好，告辭。」然後就打嗝打到不行。

總之，不用到新竹買也可以。我真的會吐。

2

我在協調他們去哪裡聚會，因為我想把前陣子答應他們的都一次解決（懶惰鬼）。

「姐姐你們換場地去景福宮好不好？」蓋杯。

「你不能去嗎？」蓋杯。

「是不想去而已？」聖杯。

「去嘛，景福宮比較亮，我比較喜歡那邊，那邊停車也比較好停。好嘛好嘛去啦去啦去啦。」聖杯。

「說好了喔。」聖杯。不知道為什麼有種你真煩的感覺。

103

我要買給開漳聖王的肉乾，就在問他要什麼，給的杯是一連串的笑杯。

「？？？現在是開漳聖王回的嗎？？？」蓋杯。

「所以還是姊姊？」聖杯。

「笑杯的意思是說他的我隨便買就可以了嗎？」聖杯。

「好、好喔……」笑杯。

「是單純笑而已嗎？」聖杯。

10

我帶鳳眼糕回家拜菩薩，我媽問說菩薩什麼時候跟我說的，我說上次回來的時候我在我弟面前跋桮的。

我媽就說他能不能吃，於是我就跋說：「我媽是不是不能吃。」聖杯。

我媽：「奇怪，家裡的杯，我怎麼丟都是蓋杯。啊一正一反不就是我可以吃的意思嗎。」

我：「我的問題是，你是不是不能吃，是聖杯，不就是你不能吃嗎？」

我媽：「……」

101

今天難得回家跟我媽度過一個少見的沒有爭執的下午。反正我有甚麼話都說你自己問菩薩，然後我要回家前他就跪在佛桌前跋桮，然後一臉奇怪。我問他幹嘛，他說他問菩薩說是不是祂叫我拿鳳眼糕回家，出笑杯，他繼續問說是不是叫我不要懷疑佛菩薩的能力，出聖杯。

因為我今天回家就直接拿桮去擲，我媽說怎麼這樣隨便就扔咧。我說我只是問他很日常的東西，只是跟他說我帶了他要的鳳眼糕回來，我總不需要沐浴更衣之後再跋吧。後來我就跟我媽東聊西聊，聊到一半就打嗝，我又過去問菩薩是不是吃好了，聖杯，我媽就說幹嘛，我說沒有，他吃完了我過去問他是不是可以收了。

「……」

「我是在你面前跋的喔，你自己也能看到。」

2

我跟我媽講，大概是去年底到今年初的時候，我那時候心情很低落，中風之後在復原，但是復原的時候很難熬，就難免會亂想，就當時腦子會出現甚麼想法我完全無法控制，很多負面的想法會出現，譬如說我要結束自己的生命之前要去解決一些事情，我滿腦都在想要讓某些人身敗名裂，或者做一些安排，讓我離開之後在乎的人都能過得好，但是我不管去甚麼廟，不管王爺，還是仁海宮，或景福宮、慈護宮，問的結果都是否決的，就是神明不建議我去做那些行為。甚至我也去抽籤，也都好幾支的目前要做的事不宜進行。他們也打斷我所有去告人的想法，就重點是保持平穩心態。

我現在不會像之前那樣對所有看不到的東西保持否定，但就我自己跟神明的接觸的感受上來說，他們所有的要求都只是建議，並不是強迫。他們頂多會一直煩你煩到你覺得很崩潰，但如果你真的不做，他們還是拿你沒皮條。所以如果有人跟你說你一定要捐多少錢才能種福田或者有福報，那還是快跑。那些叫你一定要幹嘛的，通常都有鬼。

3

有好幾個人在跟我講我跟某個人的臉書很像，就我也看過對方臉書，應該說是屬性相近，我也不在意那些。有人問我為甚麼不繼續寫那些跟議題有關係的文，我是這樣回對方的：「我覺得我都寫過了，同一句話我頂多說兩次，說三次，或者複製一樣的文重貼，我也沒有甚麼新的創見，說直接一點就是我老狗變不出新把戲，那些議題我有說過，並且擴散出去就夠了。現在去講那些的確更吃香，但是也消耗更多力氣，我剩下的力氣要拿去養病、過生活。你知道其實寫那些文很傷自己身體，我以前寫那些文章的時候充滿憤怒、哀傷、疑惑，每個情緒都傷透了自己的身體。我覺得如果有要看的，看我以前寫過的，或者看別人的、現在在這個議題有持續耕耘的人的文章就夠了。」

11

11

不過說實話，今年以前我也很難想像我會這樣講。我曾經以為我會這樣燃燒到最後，直到自己再也沒力氣憤怒為止。至於屬性像的問題，我覺得就是人的個性都有相似的地方，我不論斷他人，也許他也有屬於自己的憤怒，只是包裝在戲謔、嬉鬧、諷刺之下而已，看他的文章也很歡樂，我有時候也笑得很開心。

剛剛在高鐵上睡著，睡著一半突然一杯飲料朝我腳上淋下來，傻眼。到高雄下高鐵後直接坐到一台九人座的計程車。前座直接放著三太子跟帝君的平安符。這台車個人風格也太強烈了。

我要離開高雄了，現在跟條老狗一樣在高鐵上休息。簡單講一下過程，就我前幾天一直在想要不要聽聽看，然後今天又看到一篇分享，就想說要去看看，就問了姐姐能不能去，但我猜他聽成能不能幫我算命，就給了一支我接下來運勢的籤，我再反覆確認，確定他是聽錯我的意思，然後我就問說，「我是說這個人類看起來是武廟帝君介紹的，我可以去看看嗎」，就聖杯。此時我還沒決定今天去。

我後來就想說去高雄逛逛好了，因為我接下來要忙工作，只有這個禮拜稍微閒一點，就算沒看到也沒關係，我就當去找朋友，然後我就踏上高鐵。此時我還是沒有預約，上高鐵後我才打電話過去，電話終於接通，對方跟我說預約已經滿到八月中，問我會在高雄待幾天，我說應該只有今天，對方跟我說啊，那沒辦法了，不然我過去旁聽看看，如果有空的話你就跟老師說看看，看他能不能接。然後我掛上電話，直接問武廟帝君。

「那個高雄的某某居士是你介紹的嗎？」◐聖杯。

「我如果去看的話可以嗎？」◐聖杯。

「他說預約全滿，我應該去現場看看嗎？」◯笑杯。

「去看看嗎？」◐聖杯。

「你會安排好？」◐聖杯。然後我就休息，直達高雄。

下高鐵後搭到一台九人座的計程車，我第一次在高鐵搭到這麼大的車，簡直問號，後來發現在他擋風玻璃前面有一尊三太子，還有各種廟的平安符。

我：「……那是三太子嗎？」

司機：「嘿啊。」

我：「那是武廟的平安符嗎？」

司機：「嘿啊。」

我：「喔喔……」

我心中：（不用幫我安排這麼好的座車）（後來知道可能是不只我自己來）

到了之後我就旁聽老師算其他人的命盤，因為我就突然嗝起來，我就問了一下，之後有一搭沒一搭地跟姊姊對話。

「姊姊你們在嗎？」◐聖杯。

「你們是都在嗎？」◐聖杯。

「在現場？？？」◐聖杯。

「旁聽這麼久是很有趣嗎，不然你們怎麼有耐心？」◐聖杯。

「哇他不是靠話術騙資訊欸，他自己就霹靂啪啦講一堆，而且有些東西不是模稜兩可的內容欸，很詳細。」◐聖杯。

「你們覺得很有趣嗎。」◐聖杯。

「覺得有趣是因為，你們是看得到，但他一個人類這樣看就可以講到這樣很厲害嗎？」◐聖杯。

然後有幾個問題我忘了我問什麼，但連續十一個聖杯。

後來老師講完了，還真的到我的時候就有空檔，我就過去算。他不讓我說話，也不跟我套訊息，從頭到尾就只問我生辰八字姓名，然後自己講不停。基本上都滿對的，但我突然明白姊姊說他們幫我算就可以了的意思，老師講到前三年的時候突然出現亂流，就是命盤顯示的我的命運是不太準的，但是我也沒說話，一直聽老師講到後面，講的都是我如果生活型態沒改變後我自己判斷「我會發生的事情」，包括在幾年後發生重大的中風，醫生會急救原本因為救不起來了，後來因為突然感覺到「神」（我這時還沒跟他講我是聽武廟帝君的建議來的）而甦醒，然後我在六十多歲會發願為神明奉獻，奉獻什麼他也不說，總之是發願做某件事情。

老師全部講完後我就跟老師說我今天為什麼來，然後我就說我感覺我的人生有被加速過，某些原本在之後會發生的事情都被提前到現在發生了，提前過了這個關卡，也讓我提前感受到某些事情，然後中間老師說了些什麼容我略過不表，但老師說他給我一個建議，對人生要更豁達一些。老師就說阿緯其實老師很佩服你啦，你能走到現在靠的是堅忍，就完全是磨過來的，但是你要把痛苦忘掉，忘掉之後你會過得快樂，老師希望你能過得更快樂啦。

題外話是我離開之後問了姐姐他們還在嗎，結果是還在，他們跟著一起聽完了，然後我猜的也沒錯。那個命運是我原本會碰到的事，如果我沒控制血糖，我的眼睛不會提前爆，腎臟不會提前爆，不會提前中風，但是這些提前都是好的，至少他們都是拉得回來的，就是老師說的命中的災是躲不過的，看你用什麼方式化解，大概是這樣。

然後這邊不會有額外花費，叫你花錢改命之類的，老師建議我的最花錢的就是帶一些米去野外餵鳥（？？？？？），以上。

其實最鬼的是，我什麼都沒講，他就說你這個命本來是不想出來的，你不想做人，所以你不甘願，你被逼著出來。你的IQ不錯，什麼鬼點子都有，你天生出來就註定做偏門（我：……），所以你可以賺那種偏離法律但不會偏離太多，走在法律邊緣，但不違法的那種，你賺人家用來享受的錢，不是食衣住行那類必須的錢，那種錢你賺不到。（我：……）你前兩三年有一筆收入，不是本業的收入，有一筆錢進來（我對了時間，就是我買賣股票賺的錢）。然後你特別注意你的身體，特別注意頭部血液循環跟心臟，你要特別注意。（我：……）

我今天在工作前就到了慈護宮，把昨天在高鐵他們要的花朵蛋捲跟餅拿過來，順便拿了酒給帝君（他真的只要有酒就到哪都可以（？？？））。

12

我就順便確認昨天網路跋栝的事情，都是聖杯。也順便問了關於昨天老師說的災的事情，就是大概在前幾年，如果長期看我臉書的人應該知道就是我突然飲食控制，然後眼睛爆，腎臟爆的事情，就是他們把一切進度都拉快了，但是拉快不是不好，提早爆出來對我的身體反而傷害最小。現在就是維持這個生活型態，然後就可以過去了。

確認這些事超麻煩，因為我很多猜測都對一半，我還要分段問那一段是對的，然後最終確認再三聖杯確認。

首先要有條件（我身體開始控制），但是能不能讓進程提早又是一回事，我問王爺，他們一直出笑杯，所以我先問要先有我身體開始控制的前提對嗎，三聖杯我才繼續猜下一階段，總之就是，可能是，行善或者什麼東西的積分夠了，然後有被允許，才能幫我把進程加速，讓幾年後的大爆炸提前拉過來變小的爆炸。因為我一直在想，其實我眼睛跟腎臟爆炸超快的，因為我腎臟爆的時候前一個月我才做體檢，一切數值都沒問題。

現在終於有空，稍微寫點東西。主要是昨天的貼文一直有人說命很可怕，或者面對自己的命運很恐怖，如果未來怎樣怎樣他沒有勇氣面對。我先不談有沒有勇氣的事情，我先簡單說我自己。

老師從命盤解，當然我的命盤過去都相當準，但大概是三年前那段時間我的生命大概就脱離命盤原本設定的「藍圖」，拿建築物來比喻就是我原本想蓋麥當勞，結果蓋到一半，我的底都好了，結果我突然決定要蓋成賣場。雖然比喻很奇怪，不過大概是這個樣子。

老師講的包括我命中沒有婚姻，但是會有照顧我的人，他也很愛我，我也很愛他，為甚麼我沒有婚姻，因為我是負責任的人（老師原話，要自己誇自己還是很羞恥的），我覺得自己沒有辦法給對方保障就乾脆不結婚，然後我們沒有婚姻但是也分不開就選擇同居這個樣子。這是命中你原本設定的藍圖會不會有的問題。但是你的命運是會不會、該不該、要不要，你會不會跟你該不該做不做又是另外一個問題。做了會不會有好的結果又是另外一回事。那這方面我只能説因為我問過姊姊，就是我差不多三四年前整個命就亂掉了。但這不是老師的問題，是我個人的問題。所以你説會不會推薦人家去，我個人還是推薦。至少我的伴侶部分很準啦，雖然阿存表示它講三個生肖範圍很大欸，我説十二個生肖，他裡面拆三個出來説我的伴侶應該就是這三個生肖裡面的姻緣會定位，這樣還不準嗎，我完全沒有説你的事情欸。

有人問說那既然我的命都改變了，那我去聽還有意思嗎？我覺得就是去聽一下我如果照原本的狀況生活下去，會是甚麼樣子。照原本的狀況我應該這個身體會撐到39歲，然後大中風，有一腳不良於行，很掙扎要不要活下去，原本醫生都覺得我救不醒了，但是我突然因為感覺到神明，後來就醒了，那是一個很大的災，他一直說老師希望你避開那個災，多做善事，不問結果地做善事，看能不能把這個災避開，它不會消失，但是會變得還算可以度過。

我覺得算命這種事，有人相信有人不相信，它有一種算味（完蛋了，講這種不好笑的冷笑話是步入中老年的特徵），就是不管你是要怎麼做，它提供你一個未來的建議，建議你行善積功累德，就也不是想叫我們掏錢幹嘛，就聽聽也無妨。不是你害怕命運就不會到來，時間很殘忍，不管你願不願意，它都一直往前走，無論你想不想面對，它都一樣平等，但如果你是擔心自證預言的部分，那我也不知道該怎麼面對，反正等你有足夠的心智再去聽也無所謂。

就是我覺得命盤是一回事，實際呈現出來是甚麼樣貌又是一回事，你有沒有脫離命盤設定的藍圖去活又是另外一回事，也不用太過焦慮跟恐懼。假設一個人聽到他三十九歲會大中風，他可能會好好地注意身體，節制飲食，也可能會像我以前一樣，盡情享受，直到三十九，這就是一個選擇而已。選擇你要過的生活，我們都說掌握生活，當然老師覺得掌握命運這件事很好笑，因為一般人說要掌握命運但其實你的這個選擇也是在命運的掌握之中。但就是好好過好你當下的每一天。

13

自從一個月前我跋桮說不能吃牛肉之後，我偶爾還是會很想吃，可是就有些地方的牛可以吃，有些地方不行，前幾天就很好奇到底差在哪裡，仔細統整了一下，得出一個結論，我身體比較好的時候，比較不新鮮的（不是指它真的不新鮮），就是那種冷凍肉片的才比較可以吃。剛剛也跋桮問是不是冷凍的比較能吃，答案是對。

我真的可以為了吃想出很多漏洞來。

#不過我還是沒吃啦

14

有人問我去高雄的那天姊姊到底給了什麼籤，是這支，所以我才會問半天問不出來，後來才知道應該是我講得不夠清楚。

14

一直在想，如果姊姊或爺爺有事找我，可是打嗝我都沒反應會怎樣，但是我一直都有猜到是他們叫，就一直沒有感受過找我我不理的話會是怎樣。昨天我拉完筋問完說可不可以之後我就起來了，一直打嗝我也當排雜氣而已，然後就大爆暈，我以為是太累了就去休息，結果今天早上我也是一直打嗝，但因為早上起來打嗝通常是他們打招呼（我十天問了十天都沒什麼事只是打招呼我就不問了直接在心中說早安就過了），結果今天早上打嗝完後也大爆暈，我就問，答案是因為我都不理他們，他們只好讓我暈，他們只是要跟我說：「拉筋時間可以往上加了唷^^」。我真的是，謝謝你們喔。

（今天就完全沒有頭暈的狀況）

醫聽完之後大笑，「你完全沒有偷懶的空間。」

15

我是問我自己

以下統整過後在慈護宮三聖杯確定。

台灣牛：不管有沒有經過穆斯林宰殺法處理都不能吃，但真的要吃的話穆斯林宰殺法的會比一般的好。

吃進口牛比台灣牛好，如果真的受不了可以考慮進口牛，所以不是冷凍的問題，

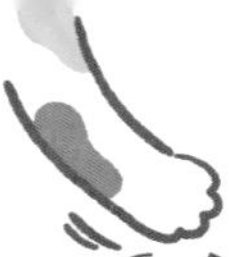

是國別的問題。
如果真的受不了的話進食順序進口牛＞念經牛＞台灣牛，但不管哪裡的牛吃了都比較會暴躁。如果能忍受的話還是不要吃牛比較好。
#真的為了吃都能想到奇怪的問題

17

無助地站在 costco 的零食區跟姊姊交涉的人
希望能配一個聽得到的人負責跟我交談

17

我跟存說這個 mm 是給哺哺的
存：「他是貓科他可以吃巧克力嗎？」
我：「他都死了應該沒差吧？」
存：「你怎麼說他死了咧，放尊重一點，請叫他神明。」
我：「反正他沒有身體了（？？？）」

18

回家叫阿存把 mm 巧克力放到架上並跟他說你跟啪啪講一下，然後我就去洗澡了。出來後。

存：「啪啪很開心。」

我：「？」

存：「一直出笑杯。」

我：「他開心也是正常的，因為我一兩個月完全忘記買給他的供品。」

存：「……」

存：「我剛剛還跟他說你品味很好欸，這個很好吃。」

我：「XDDDDDDDDD」

問的問題拿到籤王我內心複雜

主要是有兩筆帳我追著也累了。我知道他們家境不好，也知道他們家裡問題很多，但是每個月這樣追我真的追到很煩了。就問菩薩說「如果我跟他們說那個少一點債，然後叫他們把那個錢捐出去這樣好嗎？」直接六個聖杯。我就說蛤可是這真的很違反我個人的意願跟選擇，這樣好壞都沒有結果的話誰要當好人，明明做壞事利己比較爽，然後就想了一下，我就問說可以去抽籤嗎，答案就是好，然後就抽到籤王。我說好啊我雖然很不甘願，但是我總要先聯絡到他才能繼續吧，還是我先去法院告他，和解條件就是要他捐錢，也是聖杯。然後離開竹林寺我就接到對方的電話了。

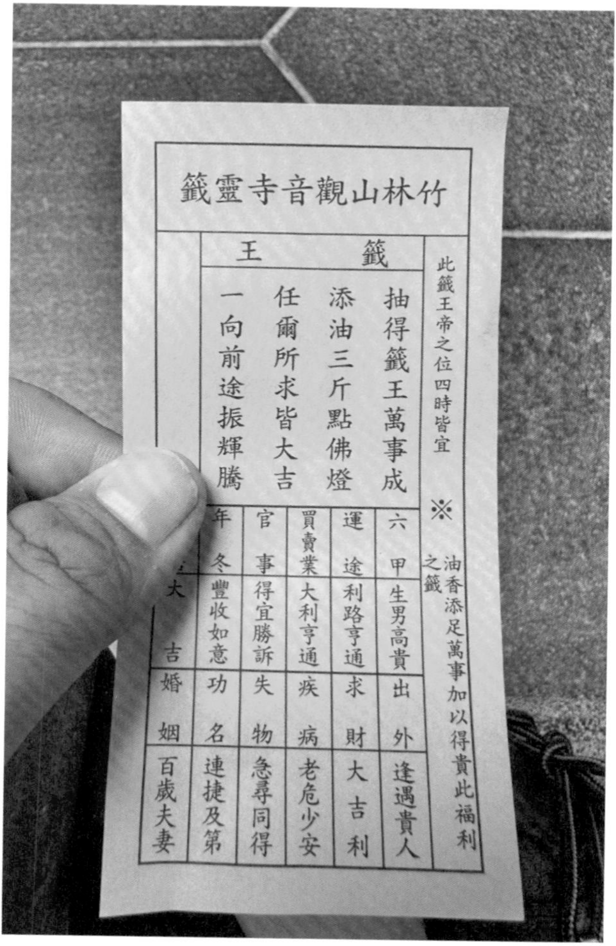
竹林山觀音寺靈籤
籤王
抽得籤王萬事成
添油三斤點佛燈
任爾所求皆大吉
一向前途振輝騰
此籤王帝之位四時皆宜
※油香添足萬事加以得貴此福利之籤
六甲 生男高貴
出外 逢遇貴人
運途 利路亨通
求財 大吉利
買賣業 大利亨通
疾病 老危少安
官事 得宜勝訴
失物 急尋同得
年冬 豐收如意
功名 連捷及第
大吉
婚姻 百歲夫妻

18

1 有人在生菜區說：「蠟筆小新不是超喜歡生菜夾肉嗎？」

2 在店門口打嗝不止，點完餐才有時間問：「你們是提醒我不要吃牛肉嗎？？？」◐聖杯。

「你們感受到我無敵想吃牛舌的電波了嗎？？？」◐聖杯。

「我沒有點啦，可以誇獎一下吧。」◐聖杯。

3 我跟阿存說我想戴著它出去（明明不是我生日）。

存：「那我要裝作不認識你的走出去。」

我：「XDDDDDDDDDD」

19

去慈護宮，看到緣渡媽廟的人來進香。

我突然一直打嗝，就問：

「緣渡媽也有來嗎？？」◐◑聖杯。

「有三個生乳捲你也可以吃啊，還有剩吧。」◐◑聖杯。

「你是不是在摸我？？」◐◑聖杯。

「可不可以小力一點，我快被你拍死了。」◑◑笑杯。

「？？？我太脆弱了嗎？？？」◐◑聖杯。

「好、好喔……」

後來要離開慈護宮的時候腳軟到差點沒辦法離開。

21

不知道為什麼這幾天瘋狂地想吃素＝＝

想到一個很沒有道理的地步＝＝

剛剛阿存問我晚餐要吃甚麼

我………我會去吃素的吧

存………你是誰

可是沒地方停車我最後還是吃葷的

22　22

那個，如果最近有人要去竹林寺的話，那個，如果你不知道拜什麼的話，可以帶一份素食鍋貼過去拜拜。晚點我忙完再打過程。

因為我瘋狂想吃素的感覺已經來到第三天了，我昨天晚上就先問是不是被影響，三聖杯是，然後我再過濾是誰這樣。我本來以為昨天問完吃素對我身體比較好（？）我也答應會吃比以前素就沒事了，結果今天早上還是很想吃，我仔細思考一下是想吃什麼東西，列了好幾個店名，我想了一下我去了想吃什麼，然後我發現我只想吃鍋貼。對，就是那些我平常會吃的素食的澱粉炸彈我一個都不想吃，羹麵油飯什麼碗糕的我是一點都不想吃，我只想吃鍋貼。

分清楚到底想吃什麼之後就比較好問了。

「還是菩薩嗎？？？」◯笑杯。

「我是不是問不清楚。」◐聖杯。

「我的意思是，我這個想吃 xx、oo、xoo 的感覺是菩薩影響的嗎？」◯笑杯。

「我是說，這個想吃鍋貼的感覺是嗎，如果是的話三個聖杯。」◐◐◐三聖杯。

「……所以不是吃素會對我身體好一點？」蓋杯。

「我的意思是，雖然吃素比吃肉負擔稍微少一點，可是最主要是你想吃東西:-」聖杯。

「我不懂，我吃的話你也會有吃到的感覺嗎？」蓋杯。

「那不然呢？在上桌之後進我口之前你能吃多少是多少嗎？」聖杯。

「……認真的嗎？三個聖杯。」三聖杯。

「不然我打在網路好了，可是這樣你會有一陣子都會看到鍋貼欸。」聖杯。

「真的要打喔，那一陣子都看到鍋貼沒關係嗎？」聖杯。

（發文過後）

「鍋貼送過去它的皮不就軟掉了？？？你不在意嗎？？？」聖杯。

「那鍋貼就沒有生命了！不！嗚嗚嗚嗚！！！」笑杯。我想菩薩應該也聽不懂我在哭三小。

發文後過五分鐘我一直打嗝。

「？」就問，結果是姊姊。

「你要什麼？」結果從抹茶巧克力派、果凍、泡芙沒有一個是他要的東西，但是

跟供品有關。

「你不會要跟我說也打個動態跟他們說你也要供品吧？」◐聖杯。

「……你也要鍋貼？」●蓋杯。

最後結論是各自發揮，也就是買你自己會吃的小點心，主要是甜的拿過去拜，有空、順路再去就好，不用特地去。

我想說我都發文了可以不要吃鍋貼了吧。

幹還是一直打嗝，只好問。

結果是不行，我該去吃還是要去吃。所以我今天中午還是吃素鍋貼。

但想吃素食的感覺就沒了 -.-

23

菩薩應該覺得我孺子不可教也，我四處找，找不到可以吃的東西，最後找到一間素食裡面有我可以吃的菜，然後我發現隔壁有牛排館，於是點了三份蔬菜，轉頭就到牛排店點了雞腿排。

23

我：「存你問一下哺哺那個蔥油雞可以端下來了嗎，我們準備吃飯了。」

存：「蓋杯。」

我：「那你問他我還要再煮一下，吃飯之前把雞肉端下來可以嗎？」

存：「笑杯。」

我：「是同意嗎？」

存：「笑杯。」

我：「……你問他是不是雖然很勉強，但還是同意。」

存：「聖杯。」

23

講到算命，我忘記有沒有說了，但反正那時候老師在講以後每年會遇到甚麼，一直講，講到六十的時候我就覺得不太對了，他講到壽命到八十多歲的時候我幾乎是破音：「太久了吧，我要活這麼久？？？？？」

24

：「你是怎麼確定有神明存在的，或者說，你怎麼確定你是跟神明做約定而不是隨機擲出的結果。」

我：「我其實沒有很確定啊，畢竟我又看不到。但是我這麼說好了，從姊姊跟我說盡量少吃牛肉開始，我到現在起碼問了將近一百次，我正著問反著問的結果都導向不要吃牛肉，我不覺得有沒有神明是個很重要的事情，應該是說，就算我答應的只是那個桮，我賴皮的對象只是那個桮，是我對自己的答應重不重視。我答應了，我就盡量做到，我真的做不到，我當初也不會把話說死，說我這輩子不吃牛或者不幹嘛，嚴格說起來，我就是盡力去做而已，我只是相信自己跤桮的結果，然後執行它。所以我不會去跟人說甚麼真的有神明你一定要相信這種話，說穿了，你信不信，關我甚麼事。」

26

看到瀟湘神的貼文，我很好奇就問了姊姊（這下大家都知道我平日真的是甚麼沒有價值的問題都要問）。

「神明中也有這麼軟爛的嗎？」笑杯。

「不全是？」笑杯。

「不方便說？」聖杯。

「你覺得我問太多了？」聖杯。

「所以男神中可能會有這種軟爛的個性嗎？」聖杯。

「我需要強調只是有可能嗎？」聖杯。

「不管是男神女神，神明的個性就跟人很像嗎人可能有的劣根性神可能也會有只是沒那麼嚴重？」聖杯。

……XD

今天工作時看到全家在賣中元普渡組合，下面一堆人買了捐給慈護宮，我就問我要不要買一箱捐過去。不同時間問的三次（不同問法），都是我如果要特別買的話就不用了XDDD

友：「難怪你最近無聊要抬槓的次數銳減，你根本甚麼破爛問題都會問，你把它

27

當 line 在聊欸？？？？？」

27

姊姊心中OS：為什麼每次來都有這麼多對話要確認……

（設計對白）

剛剛把這幾天積累的對話問是不是姊姊給桮的，問完才反應過來，我還真的滿無聊的，每天都問一堆廢問題。

27

友：「看你抽到頭籤跟籤王還有第一籤我都快麻木了，也想過你是不是隨便拿籤出來說你抽中了，結果剛剛那個網頁我去抽了，怎麼這麼難抽，那個網頁你也能抽到第一籤，難怪之前會有人拜你，這根本不科學……」

我：「……」

28

被交代說如果今天有空還是去一下慈護宮，如果很累的話也可以把果凍放家裡香爐前但還是希望我去，我就去了，然後我從六七點昏睡到現在囧。

28

有關網路跋桮。

其實之前就有說只是都散在留言裡

29

我的書櫃越來越迷幻

31

問姊姊香爐前的果凍要不要換了，明天換好不好，結果他說現在換。換完之後我就看漫畫，突然覺得不太妥，漫畫中出現一堆裸女（略清涼）的畫面。很想問姊姊是要現在來吃嗎，但還是算了，沒有詢問沒有傷害。

月

1

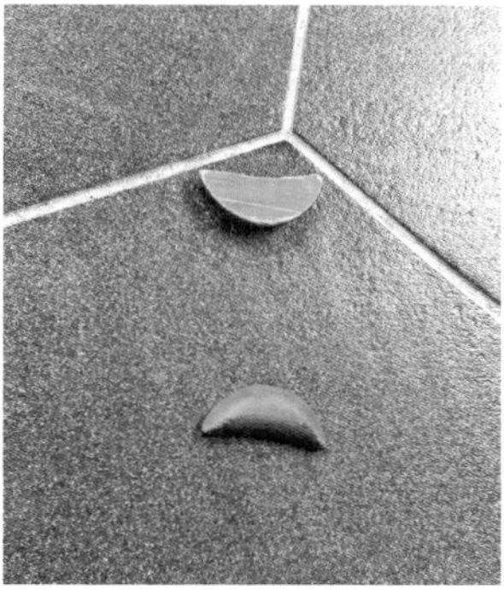

今天到竹林寺補香油錢，補完之後去跋桮問才告訴我其實不用補香油錢……我應該先跋桮的。

我：「我又來確認了，前幾天的素煎餃是不是你的鍋。」◐◐◐連三笑。

我：「你一直笑，可是是你對不對 ;-;」◐聖杯。

我：「就跟你們說笑杯讀不懂 QAQ」

6

現在想吃烤雞就問哺哺想不
想吃，然後每次都要把他的
MM巧克力移走，拜完再移
回來。好像搬運工。
#雲端養貓

7

……你失蹤了十幾天原來一直
在慈護宮裡
（？？？？？）

14 9

今天姊姊不知道去哪裡，去慈護宮裡面不管怎麼問他都不在，都是值班的在回，我就說我決定等他晚一點再問。然後剛剛去吃早餐（對，我下午兩點才吃到早餐），走出店門時看到一群廟會的車隊過去，有一台車是這樣的。我想不會吧，就問看看。他混在車隊裡面一起玩 XDDDDDDDDDD

「姊姊你還在外面嗎？」◐聖杯。

「不會是跟朝天宮的姊姊遊走的車隊晃吧。」◐聖杯。

「你 XDDDDDD 居然 XDDDDDD 比我想像中的還愛湊熱鬧欸 XDDDDDDDDDDDD 是平常太無聊了嗎 XDDDD」◐聖杯。

「你以為我每天都在工作嗎，我想告訴你沒工作的快樂啊～」（設計對白）

早上一直打嗝，問了一下是慈護宮的姊姊，我今天忙到一個段落過來看看。

「所以是你叫我過來的嗎？」◐聖杯。

「……你上週跟著遶境的車隊玩……不對，出去辦公事現在回來才有空叫我過來嗎？」◐聖杯。

「好，一整個禮拜沒有叫我以為你們不理我了。」◐笑杯。

北港朝天宮
天上聖母

14

「不要笑，我又聽不到你們說話不知道你們在幹嘛啊。」笑杯。

我突然呵呵笑起來，阿存問我幹嘛。

我：「webtoon 上不是有個漫畫叫寶貝暴君嗎。」

存：「跋桮暴君？？？」

19

……剛剛跟姊姊還有土地公說我這個架子越來越像零食架，他們才肯撤掉一些吃完的東西。我這邊是渡假村嗎？？？

21

今天去了慈護宮一趟，姊姊還是不在，問了回我杯的是值班的人員（人員？），順便問了他要吃甚麼今天去全聯的時候順便買回家，我雖然分不清楚姊姊在不在，但是我發現姐姐不在的這幾次離開慈護宮的時候我都沒有滿身大汗。之前去的時候我的皮膚都超冰的。

22

昨天半夜姊姊就叫我再來慈護宮，我今天就來，問他是不是他叫我來的，然後最近他們好像很忙，有一句沒一句地聊著。然後因為近日的工作弄到我真的是諸事不順對未來非常茫然沒有信心，我問姊姊能不能給支籤。

……又是籤王三聖杯。

「代表我接下來會很順利……？」蓋杯。

「啊是記得添香油錢嗎？」聖杯。

「添完後會順利一點嗎？」聖杯。

「……好，我只是想多少有點信心而已，你們每次都給籤王我承受不起……」

蓋杯。

「信心只有我自己能提起？」聖杯。

「……不是啊，多少會有點信心啊。」笑杯。

「這個能發嗎？」●蓋杯。

「……如果用巧克力換呢？」◐聖杯。

「……你是不是學壞了，都要用甜食交換才能發。」○笑杯。

24

人生中第一次買這麼多餅乾。

然後我也是有經驗了，明明沒叫他，三太子自己會過來，跟他協調能不能在我家裡拜就好，協調六次，六次都蓋杯。就是一個「欸嘿我知道你的難處，可是我不想去你家吃」的意思。說難處就是知道知道知道（聖杯），但我說所以我在家裡拜好不好，就馬上蓋杯 -.-

我在內心一直哀嚎，三太子你家超遠的，真的沒時間沒力氣去啦，最後是協調好拿去神明活動中心慈護宮拜就好。

逛 costco 好累。

真的拿不停，後來我停在路邊很認真地說：「欸，人類財物有限，我只是

26

平凡的小老百姓，沒辦法買這麼多，你要什麼都買的話可能要去找郭台銘。懂嗎？？？」

看到謝金魚貼文說有讀者留供品是心意不必太在意拜甚麼的話題，其實關於供品就是一個心意這種事情我媽也這樣跟我說過（還有各種網路上莫名多好心的觀眾，只是我沒點開陌生訊息），他說我們準備甚麼，神就用甚麼，那只是個心意，不要耗費無用的心思在上面，神接收到我們的心意就夠了。

我：「我今天去買便當給你吃，買個控肉便當給你吃，反正重點只是心意啊，你接受這個心意就好了（我媽吃素）。就他們明明有偏好，你卻說只要有心意就好，那只是人類為了自己方便說出來的話吧？啊既然都要拜我拜甚麼不是拜，我花個時間問一下他們喜歡吃甚麼，我帶過去的供品他們滿不滿意會怎麼樣？？？」

或者是我跟他說前幾天姊姊叫我去慈護宮的事情，他跟我說會不會是我穿鑿附會就誤以為這樣？我心中：HOHOHO 現在會這樣說喔，你平常的行為比我還像吧？？？？當然我嘴上還是回他：我就線上跋桮，到廟裡再跋來確認啊。

我媽：「我都懷疑我們家裡的那個小桮是不是配重有問題，我常常跋怎麼跋都是

29

蓋桮。」

我：「看你問甚麼啊？？？我跟弟跤都正常的喔。」

我媽：「我都問菩薩我能不能演奏手碟給他聽。」

我：「如果是我我也蓋桮。」

我真的不明白我爸
他走六年了還是不明白
還是你兼職做過廟公
到底為什麼會有籤筒啦！！！

9月 26

友：「十多年前認識你的時候我沒想到有一天點開你的臉書，看到的會是健康資訊、瑜珈姿勢、神鬼傳奇……」

我：「……不是，神鬼傳奇是什麼？？？」

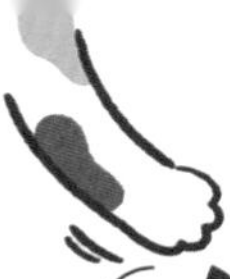

10

我永遠搞不懂，他已經好幾年不撥東西了，但是他現在熱衷於撥桮是哪招。

我真的好想吃牛肉
我現在出去吃飯只要餐點有牛肉
我就乾脆跋桮問姊姊
乾脆直接交給姐姐決定
因為我太脆弱但牛舌太好吃ㄌ
目前為止應該上百次了
每次都是華麗的蓋杯
嗚嗚嗚嗚嗚嗚嗚嗚

11

越堆越多。

17

雖然買了 R2D2，但是組裝員阿存一直沒有組，上次阿存問三太子也説隨便他甚麼時候組。今天我睡醒，就看到阿存在組。

我：「你在組 R2D2 喔？」

存：「我在組夢魘。」

存：「我早上想説問問看三太子要不要組，結果桮飛超遠的。」

我：「你有問他有沒有來嗎？」

存：「他説要看應該有來吧？」

説完之後我就一直打嗝。但因為我剛剛拉筋，我分不出來到底是我拉筋後打嗝還怎樣。然後我就跋桮問。蓋桮三次。當我滿頭問號的時候，存：「不要吵他看。」

我：「？？？？？」

我：「你的意思是不要吵你看嗎？」笑桮。

我：「你是不是嫌我吵？」聖桮。

我：「……所以你有來就對了。」聖桮。哼，我要出門去玩萌夯鬧了。

18

沿路一直崩潰叫「姊姊！我還能吃什麼！嗚嗚嗚嗚嗚，壽喜燒也是牛肉啊！！！」

存：「你好吵。」

吃飯前垂死掙扎：「姊姊我可以吃壽喜燒嗎？」聖杯。

我：「真的嗎，可以吃牛肉嗎！！！」蓋杯。

我：「……什麼意思，可以吃壽喜燒？」聖杯。

「可以吃牛肉……？」蓋杯。

「可以吃壽喜燒？」聖杯。

「吃豬肉的？？？」聖杯。

我在內心崩潰，這家的壽喜燒套餐沒有豬肉的選項啊！！！

進來問店員，店員說：ok喔，點完後跟我們說一聲就好！

！！！！！

23

1

前幾天帶阿存出門，他翻包包說奇怪，他的包包裡怎麼有條肉泥，然後說可能自己無意識放進去的吧，就不管了。

我們後來去慈護宮，我依序擲筊，問完他們每一個要的東西是不是這樣之後，然後我問可以了嗎，就一直笑杯，我滿頭問號，大概八九個笑杯之後我突然腦中閃過，就問：「你是哺哺嗎？」聖杯。

但我還記得他們通用了哺哺這個名字我就接著問：「是王爺那邊的哺哺嗎？」

這次◖◗蓋杯。

「慈護宮這邊的虎爺？？？」◐聖杯。

「你是想要甚麼嗎？」◐聖杯。

我想起來早上阿存袋子裡有一條肉泥，我就問：「是阿存袋子裡的肉泥嗎？」是◐聖杯，但是定杯的瞬間很像喝醉酒那樣亂飄。

我就叫阿存把肉泥拿進來放到桌上。

「這樣就夠了嗎？」◐聖杯。

「我下次還要帶其他零食嗎？」◖◗蓋杯。

我只有一個想法。虎爺界找人是先笑個不停再說嗎？？？

2

今天阿存叫我去買了六瓶麥香紅茶，說要我低血糖拉不回來的時候喝。我買回來之後，他就想說哺哺要喝嗎，我說你去問啊。

他去問之後哺哺蓋杯，阿存就說他不要喝欸，我們就各自去做自己的事情了。

十分鐘後阿存突然一直打嗝，因為他最近腸胃不好，打嗝也很正常，但是他今天是毫無徵兆地就打嗝。他就說：「到底為什麼一直打嗝。」

我趴著看漫畫：「問一下啊，搞不好有人找你呵呵。」

26

「我不會因為他們找就打嗝吧？？？」
「你問看看啊。」
然後他擲筊，出笑杯。
我內心：「？？？？？又是哺哺？？？？？」
阿存繼續問，我就說：「你問看看是不是哺哺。」
他說：「對欸。」
然後他問完之後跟我說：「他改變主意了，他想喝一罐試試看。」
「好、好喔。」

阿存今天：「不知道三太子還有沒有要我組甚麼給他看？」
我：「不要問，你講了通常最後都會是，千萬不要問，他有找我們再說。」

關於我媽帶著手碟上三聖宮強迫帝君聽他演奏的那些事：
我媽：我演奏前還有問帝君，我可以演奏嗎，聖杯，然後我就在那邊敲
我：……

26

我媽：然後我演奏完後再問他還要不要聽，就一直笑杯，我問他是不是已經夠了，就聖杯。

我oO（所以你說你在家問菩薩怎麼可能聖杯，他平常在客廳聽你演奏聽到爛掉了吧）

……恭喜你推出一個聖杯……

28

一連串的巧合總之我現在到下午三點都沒事，我就想說要去遊戲店看看我要買的遊戲，然後就不停打嗝。問清楚是誰，結果是姊姊，跟他說好我帶麥香紅茶去給他，然後辦完事來到慈護宮，又、又是滿宮的衣物。問說剛剛是不是他叫我過來，聖杯。本來要收起來了，結果我突然靈光一閃，每次這邊看起來很忙的時候你特別叫我過來是不是因為太忙了想喝甜的？？？

聖杯。

（此則貼文已擲筊問過可以貼）

29

哺哺太喜歡喝麥香紅茶了吧

10 月

2

友：「我不懂為甚麼那麼多人寧願相信神明或者奇怪的東西但不信諮商或精神科。」

我：「因為找那些神明啊或者說他可能找那些不算神明的，用人類的據點表示就是找堂口的那些存在，他才能把自己的不順遂通通都推給外靈，把所有都歸咎成外面的影響，找精神科或諮商就好像承認是自己有問題一樣。」

2

雖然我剛剛才說完有狀況應該找諮商或精神科的話，但是我家的爐子前面真的太荒謬了，我要跟大家分享，姐姐太喜歡喝黑松沙士了吧。喜歡到一直提醒我去買 -.-

我想說是要別的東西了吧，直接蓋杯連發給我看 _(:3」z)_

黑松沙士
Tefal

15

1

今天去大士爺廟，就聊了一下（半強迫大士爺聽我聊），然後最後說要走的時候不讓走，我怎麼擲都蓋杯，問說是不是什麼什麼事，也一直笑杯，然後我問：

「……你是叫我去對面的媽祖廟拜個碼頭嗎？？？」◐聖杯。

「……真的要嗎，可是我體力差不多剩下去吃個飯，真的要的話三個聖杯。」

◐◐◐三聖杯。

「好……」

2

這是大士爺廟裡面五虎將軍廟裡面的虎爺，拍完照之後，一直誇他們可愛，於是可以保存照片。

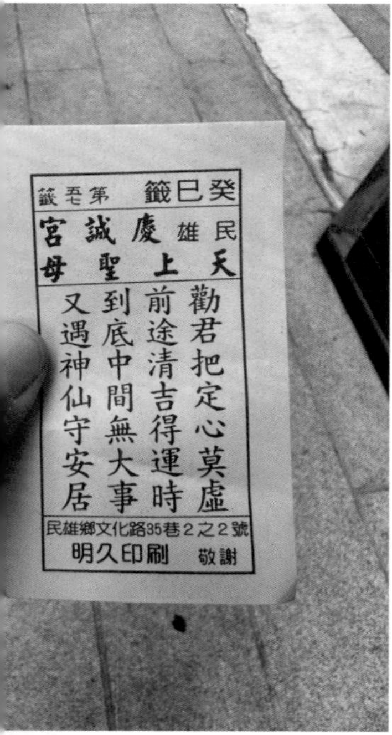

15

雖然很白癡，但我現在去廟裡拜拜第一句話都說：「雖然很不要臉，但你知道我是誰嗎？？？」我就想說如果不知道的話再自我介紹就好了。

最可怕的是，我目前去的地方還沒碰到蓋杯。

19

把蛋餅帶來慈護宮

我話都還沒問完就一連串的笑杯

我：「？？？？？你去吃蛋餅了嗎？？？？？」

◐聖杯。

19

……在寺廟裡面叫 Uber 送素食我也是第一次。

想不到吧，叫外送的外送。

19

前幾天甲鬼甲怪 3.141592 密我跟我說他師父、保生大帝、帝君叫他來找我一趟處理我的身體，我：「我、我最近身體是很糟啦，但有這麼糟嗎？？？」

他說師父跟他說我缺乏跟土地的聯繫，然後我們就稍微聊一下，就開始約時間，但時間一直都喬不好，最後決定週六早上去。

結果今天早上我去送蛋餅到慈護宮時就順口問一下，結果就是今天忙完工作時跟他約。

我想說看一下廟公以外的鋼彈（？？？），結果下午到的時候才剛坐在廟裡的台階上，就跋桮說我不適合坐那邊，我：「？？？」結論是要我坐到前面的跪墊上，aka 海景第一排搖滾區正中間。我一直拒絕，說廟裡人太多了，我真的沒那個恥度過去。再然後就是大家下午看到的點餐環節。我真的是打開 Uber 問說吃這間好不好，吃這個好不好，這樣夠了嗎，要不要香菜……等。

然後顛顛就來了，他看到我時第一句話：「哇你真的，怎麼活到現在的。」

我：「？？？？？」

顛：「跟土地連結也太弱了，也有……我想一下怎麼說，不同的詛咒纏在身上。」

我：「？？？？？」

我：「連結弱是會怎樣啊？」

顛：「就一般來說會體現到路癡或距離感不好之類的，可是我看你也沒這問題，

21

可能是你強迫訓練自己的結果，人生活在世界上多少會有土地的恩惠，就譬如說可能今天會下雨，你可能會下意識感覺到應該要帶傘之類的。」

我：「……所以我是靠自己的本能過到今天？？？」

顛：「可能吧。」

顛幫我處理完的時候，外送剛好送到，就拿去拜菩薩。結束後我不知道有沒有效，我只知道我回家狂拉，然後超睏，睡到晚上九點才醒來。

今天找王爺。

昨天作夢。我在不知道哪個地方看外國酒，我不知道為什麼，但非常明確知道就是外國的酒。

早上也一直打嗝。就問。

說我等一下要去找你們，等一下再確認。

剛剛去確認完了。

「剛剛跟昨天晚上是你們嗎？」◐聖杯。

「……所以你們想喝外國的酒？」◐聖杯。

「我有空出去晃晃的時候再去買就好？」◐聖杯。

21

「你們是不是想跟我說一陣子了結果我都沒問最後乾脆直接讓我作夢……？」◐聖杯。

「好，以後如果有機會我會去買。」◐聖杯。

「今天我就坐在神桌前面就好了嗎？」◐聖杯。

「什麼都不用做？」◐聖杯。

「好，我去坐囉。」◐聖杯。

對話有些模糊，因為不是我自己問的，我只能憑印象寫。

因為廟公擺爛了一陣子了，馬祖境天后宮的媽祖今天就透過黃醫師的女兒（我怎麼覺得這關係網越來越大了）要跟他講事情，先是說要交代他工作的事，後來問的問題我們越聽越奇怪。

「祂說因為你一直不跟祂聊天，所以祂不開心。」

「你要買甜食給祂吃，可是你不能吃。」

「帶過來給祂的時候大家都要在場喔，這樣你才不會偷吃。」

「說如果你跟祂聊天，祂可以答應你吃螃蟹。」

「不限大小，只限一隻。」

21

廟公：「所以我可以吃帝王蟹嗎？？？」

醫生女兒不說話，直接跋桮，蓋杯。一臉「你看」的表情：「你就一直想鑽漏洞，你這樣不乖，人家當然會管你管很嚴。」

廟公：「……」

醫生女兒：「像有時候朋友約出門，可以吃一點。」

廟公：「那我要叫我朋友瘋狂約我。」

醫生女兒：「你看，你又想鑽漏洞。」

廟公：「你真的是醫生的女兒欸。」

醫生女兒：「你不覺得答應人家了還一直想找漏洞這樣很沒有誠意嗎？」

廟公：「……」廟公彷佛面對醫生一樣絕望。

此貼文經過媽祖同意貼出～

廟公今天在說他們的爐裡有馬祖境天后宮的香火，我聽到這問：「那個爐灰是可以混的嗎？」

廟公：「那就相當於你請了一個導師或者老闆督促你。我是建議你不要，一個你

21

就受不了了……」

我：「沒有，我沒有要請其他爐丹的意思，只是在民雄大士爺廟跟慶誠宮的時候他們不放我走，意思是要我帶一些爐灰回來，我說我家裡已經有仁海宮的爐丹了不方便帶爐灰回來，才放我離開。」

廟公：「先是護身符，再是爐丹，接下來就是請神、塑像，他們一坑接一坑就在等人踩進來。」

我oO我是不是跳過了護身符的階段……

今天讓我覺得最像神蹟的一件事

（如果有桃園人應該知道週末的 costco 根本是人山人海）

22

人都會在內心脆弱的時候找到一些屬於自己的浮木，我現在比較不會否定那些只存在於形而上的存在，但我還是希望大家能找到一些「正常」的存在。說正常

22

其實也只是暫時用之，因為正常很難定義，我相信也會有人覺得我近一年來很奇怪，但其實你仔細看，會發現我基本上不會麻煩到任何人（醫生廟公除外（他們表示：……））， 我也不會強迫任何人相信我的經驗（或者體驗我的體驗），人有一些自己的功課要做，有一些自己的關卡要過，希望大家有限的時間內都能拿到自己覺得滿意的分數（主要是不滿意也不能怎樣）。我還是建議大家可以去找比較多人相信的神也好佛也罷上帝也行祖靈也可以，主要是他們會讓你的心情平靜，或者訓練你平靜，而不是強行要你做什麼達到某些目標。

跟阿存說，前幾天下午跟他吃飯時，在點餐的時候糾結半天，連問三次我可不可以吃牛肉，都是聖杯。

正當我要點牛肉的時候，還是一直糾結，最後還是點了豬肉鍋。之後阿存去拿東西，我開始打嗝打不停，我就問說是怎麼了，姐姐嗎，是要來誇獎我嗎。

阿存說：「然後呢？」

我：「都是聖杯。」

姐姐已經知道要怎麼控制（？？？）我了。

25

在竹林寺，一家人在我前面戴護身符，然後我突然無法控制連打好幾個嗝，他們一起轉頭看我，我該怎麼辦。我現在邊打嗝邊裝若無其事低下頭打手機。

25

以後帶東西來拜拜要慎選

我想說今天怎麼這麼久，在剛剛的一個小時內，我不管怎麼問說能不能走，通通都是笑杯或蓋杯，我剛剛上完廁所看一下，才發現……我帶的根本是下午茶套組啊……太久了吧，所以你們是喝茶聊天配茶點嗎！！！！

27

1 來整理一下好久沒整理的思緒。大概就是寫一下這一整年的變化。其實也不到一整年，就只是略微整理一下。

2 去年的七月底時我中風了。考慮到我過往的生活，其實中風並沒有太大意外，意外的是我中風後還能夠騎摩托車騎十公里這麼遠，在沒辦法剎車的狀況下還用腳剎車。而且還成功了。所以我還活著。

仔細回顧一下去年整年，有種我到底都做了甚麼的感覺，我怎麼能在剛中風後的一年內同時做完強度這麼高的工作。我要給自己鼓掌。

3 我翻了一下自己的文，我是去年十二月的時候開始拜拜的。其實我滿意外的，因為我體感上過了很久，不管是哺哺或是眾哺哺（我現在還是堅持叫他們各廟宇的哺哺），還是媽祖或王爺都是，感覺像是過去一年濃縮了五年的份在過生活。現在就是很自然地融入在生活裏面，有問題時跋桮，但也知道執行的終究是自己，擲筊得到的答案要不要做終究還是看自己，可以拒絕，也可以跟對方討價還價，就……滿怪的。也不是怪，該怎麼說，就是，我的生活幾乎是沒有參考物存在的，我知道甚麼能做，什麼不能做，但更多時候我的生活是走一步算一步的。我沒有參照物在，也不知道接下來該怎麼做，所以我的人生到現在一團糟。沒有要將責任推到別人身上的意思，就是單純地陳述，因為我覺得我沒有牽掛，所以才將自己的生活過得一團糟。

4

我也沒想到年過三十之後自己牽掛的事物可以變得這麼多，在我原定的生活裡面，是沒有阿存的（意思是我覺得我自己照正常軌跡來走不會跟阿存在一起這麼久，而事實是不僅還在一起，而且還結婚了），我也沒料到我爸會走得這麼突然，更沒料到生活中大大小小的事情一串擊打在我的生命裡，其實最想不到的就是年過三十之後我居然有信仰了（我很難說這是不是信仰，不過我先稱其為信仰）。說真的，即使我從小到大看過的怪事這麼多，出門就看到跳樓，逛街就看到筆電從天而降，上學就被車撞六次，目擊車禍目擊到警局裡的警察都認識我，我還是覺得，這件事是最扯的。

4.5

其實我一直很猶豫這能不能稱為信仰，但考慮到現在社會裡只要被反駁就能說是言論緊縮，我覺得叫信仰也沒什麼不好，我又沒跟大家拿錢。至少我沒說要拿神明來做世紀帝國的兵種類比拍影片營利。

5

前幾天在民雄跟任明信與曲辰有活動，在活動裡曲辰問說（細節我忘了，我取大意），他覺得我的信仰好像跟別人比較不一樣，我好像感覺上跟神明比較親暱或者說親近。我說可能是因為我從小到大都沒有正常的長輩在，我也不知道到底該如何面對神明才是應該有的態度，所以我把他們都當成長輩來看，實際上我真的是，把他們在當成要點心的長輩來看待。因為我生命中實在遭遇太多沒有長輩形長輩樣的人形生物了，我覺得應該很難有人能超越那些人，所以即使我不知道他們在我身上做了甚麼，我感受不到在我身上的好處，單單只是善意的長輩，這樣我覺得就夠了，我也沒有想從對方身上得到什麼，更何況拜拜完的東西我還可以拿回去用。就只是這樣。

雖然三太子要的 R2D2 在阿存組好之後，放在我桌上當擺飾，我有的時候覺得有點鎮位（tìn-uī）。

6

我有時還是不知道他們希望我變成怎樣的人，但是我可以感受到同一件事讓去年的我跟今年的我來看是完全不一樣的。現在很多事情我都覺得就這樣算了，讓它過去吧。對同一件事可能過去我會一定要說，隨時處在憤怒的狀況，今年則是就這樣吧，每個人有每個人的功課要做，他做不完的會有人逼他做完，我沒必要非得當那個逼他做完的人。更何況有的時候我可能是那個逼對方癲狂，而不是讓他

2 8

做完的人。有些事可能運作上不是人類想的那樣，但是就這樣吧。畢竟時間有限，我更想用剩餘的時間做快樂的事，看快樂的書，聽快樂的故事。

今天王爺生日，我昨天吃的東西後遺症差不多該出來了，早上就很睏，把東西帶過來之後我本來想弄弄回去了。結果說不能走，也不能坐椅子上，我就拉了跪墊坐在地上。現在超級世界熱的……外面涼到不行，我卻一直冒汗。

坐到一半時，突然一直打嗝，我滿頭問號。

問了半天只知道是他們叫我，但沒有事，也不是有什麼事要做，然後我看著兩尊來玩的姐姐。

「……你們的意思是……這兩個……姐姐……沒看過所以戳一下看看，看我有什麼反應……？？？」◐◐◐三個聖杯。

「……」

28

1

王爺下來，別人在問他事情，我想說我沒事情要問，然後我真的沒力了，就縮在旁邊滑著漫畫，結果我被點名，大家叫我上前，我滿頭問號上去。

結果王爺第一件事，就寫：「書」

「……」所以你下來是來催稿嗎？？？？？

2

然後我講到一半，廟公牌鋼彈又開始晃，然後又抓起手轎，問清楚是誰，是南鯤鯓的三三王，我本來已經站到後面了，結果三三王又寫：「書？」

「……」不是，你們關心點別的事啊！！！

其他人都還在等你們啊！！！！！

國家圖書館出版品預行編目(CIP)資料

我真的不知道自己怎麼會變擲筊怪的／宋尚緯作。
——初版——臺北市：啟明，2024.02。
352 面；12.8 x 18.8 公分

ISBN 978-626-97824-1-3（平裝）

1. 民間信仰
271.9 112022012

宋尚緯

一九八九年生，東華大學華文文學所創作組碩士，創世紀詩社同仁，著有詩集《輪迴手札》、《共生》、《鎮痛》、《比海還深的地方》、《好人》、《無蜜的蜂群》與散文集《再也沒有蒜苗佐烏魚子了》。

我真的不知道自己怎麼會變擲筊怪的

作者 宋尚緯
內頁插圖 Lobster
設計 徐睿紳
編輯 廖書逸
發行人 林聖修
出版 啟明出版事業股份有限公司
地址 台北市敦化南路二段五十七號十二樓之一
郵遞區號 一〇六八一
電話 〇二二七〇八八三五一
網站 www.chimingpublishing.com
服務信箱 service@chimingpublishing.com
總經銷 紅螞蟻圖書有限公司
法律顧問 北辰著作權事務所
二〇二四年二月一日 初版第一刷
ISBN 978-626-97824-1-3
定價標示於封底